U0825774

寻找浙东

行走于人文与山水之间

王志毅 著

深圳报业集团出版社
SHENZHEN NEWS GROUP PUBLISHING HOUSE

总策划人/出版人：
胡洪侠
责任编辑：
林洁楠
责任校对：
王　鹏
装帧设计：
武建和

图书在版编目（CIP）数据

寻找浙东：行走于人文与山水之间 / 王志毅著. --深圳：深圳报业集团出版社，2024.1
ISBN 978-7-80774-081-0

Ⅰ. ①寻… Ⅱ. ①王… Ⅲ. ①游记—浙江—现代 Ⅳ. ①K928.955

中国国家版本馆CIP数据核字（2023）第254648号

寻找浙东：行走于人文与山水之间

XUNZHAO ZHEDONG XINGZOU YU RENWEN YU SHANSHUI ZHIJIAN

王志毅　著

深圳报业集团出版社出版发行
（深圳市福田区商报路2号 518034）
深圳市和谐印刷有限公司印制
新华书店经销

开　　本　880mm × 1230mm　1/32
字　　数　155千字
版　　次　2024年1月第1版 2024年1月第1次印刷
印　　张　6.875
ISBN　978-7-80774-081-0
定　　价　58.00元

深报版图书版权所有，侵权必究。
深报版图书凡是有印装质量问题，请随时向承印厂调换。

序

书友　酒友　旅友

应奇

认识王志毅快二十年了吧，已经忘记初见的时间和场景，但要是回溯总结起来，既有历时也有共时维度，或可用“书友”“酒友”“旅友”来概括我和志毅的交往以及这种交往的历史。

我们当然是因为书而结缘的，所以“书友”是这种关系最初的内涵。所谓“书友”，从字面上说，不外因为志毅是做书人，而我是教书人，所以书是我们天然的交集；又因为教书人还要写书和出书，而做书人也要有书可做，这就使得我们之间的联系具体起来。

就“书友”这一层而言，不能不说我们之间的合作还是卓有成效的。这有我们携手推出的诸多出版物为证，虽然我并没有料到，这种合作的一个最“严重”的后果竟是我把自己作为一名“作者”的身份完全“搭”了进去——反正自从与启真馆合作之后，我是再也没有在别处出过书了：本来是《生活并不在别处》，最后却成了“出书并不在别处”。

书友未必会成为文友，但大概率会成为酒友。幸运的是，我和志毅既是酒友，也可算是文友，我们本就是常人和俗人，所以应该是通过酒友而成为文友的。关于“酒友”，我已经记录在《这酒很鲜》这篇小文中；关于“文友”，我们亦曾以小文相往还：我为志毅的小集《为己之读》写了一篇小评，而志毅为我的小集《听歌放酒狂》加了一篇序言。虽然自问那篇小评作得颇为用心，但是作为酒友，我也许要胜于志毅，而作为文友，我衷心认为，志毅要胜于他这位酒友。

但这都并不打紧，我也不会“酸腐”到用“不友不如己者”的古训来自我拔高或自我矮化；打紧的是，至少眼下打紧的是，我和志毅，或者志毅和我，有一天从书友、酒友、文友，成了旅友。

志毅本是驴友，而且是资深驴友。他不但有驴友的实践，而且有驴友的理论。例如他写过一本《荒野无痕：跑步与存在》，叙述他跑步的经历，抒发跑步的感悟。应该是前年的一个秋日，我在自家背后的荒山上野行，而且发了一条状态，志毅见到了，大概有一种发现同好的小欣喜，竟私信我，说是刚完成了一部跑步笔记，问我能否为他的大作写一篇序言。也许因为别的原因，也许因为我之山行较之于志毅的山行，毕竟是小巫见大巫，我终于没有能够写出那篇序言，最后是以这样一段“背书”来酬答志毅那一番雅意的：

同为山行爱好者，我为短途，志毅为长程；我充其量双目失神，物游神外，志毅则若有所思，形诸笔墨。存在主义哲人海德格尔倡导的向死而生予人以杨森枯寂之感，《荒野无痕》则例示了一种活泼泼的生活甚至生命的哲学。

我之所以有这番感触和敝见，除了因为志毅书中有一节是专谈跑步与存在的，也因为志毅原来拟定的书名启发了我：志毅的跑步笔记原题为《死在山上挺好的》，而我要说的是，其实这个书名挺好的！

鉴于那次撰序的失约、失败和失灵，志毅也许想到要在山行方面对他这位书友、酒友和文友有所补救提升，于是我们就开始进化到了旅友阶段：先是有慈溪栲栳山和五磊寺之行，那次旅行和山行的起因是我有一次提到五磊寺与天台宗谛闲法师的渊源；后来衍生出天台国清寺之行，除了智者大师，那次山行又牵扯出了“浙东唐诗之路”这个眼下颇有些热门的话题。

关于这两次山行，我都在自己的微信公众号上做了流水记录，在我，这不过就是“雁过留痕”“无病呻吟”。这种感受尤其在读到志毅这一组有关浙东的山水游记之后得到了印证和强化。

一者，如我以前所提过的，志毅毕竟是经济学背景，他做事情断不若我般随性拉胯，而是有严密周到的规划，也可以说是有“企图心”的。如果说这还只是所发的“初心”，那么所贵者则在于执行的“愿力”。我所有幸的是见证了他这趟探寻之旅的起点——虽然那里本是“浙东唐诗之路”的终点。

二者，也与志毅的经济学训练和素养有关，同时与我只是挂一漏万甚至一知半解的“抒发”有殊。志毅一方面对于史料史志和史迹，具有一种据实考辨的功夫，另一方面又有穷其源流、明其条贯的精神，而后者无疑是一位作者的识见和旨趣的体现。

三者，从游记文字的体裁和品类而言，谭其骧曾经认为徐霞客以自然地理胜，王士性以人文地理胜，而志毅这一番人文与山水之间的行走显然是有将两者冶于一炉之雄心和预期的；就其中连联所集的人物论而言，则更有秉笔直书与知人论世相表里之史家风采——刘知几有所谓史学三才之论，吾友志毅其近之乎！

如果重新从“友”的维度来衡量，一种旅行文字当然是以“旅”为基底的，这更多关涉的是“自然”层面，也就是所谓山水之旅；但是同时，志毅的“旅”又是人文之旅，这当然既与书有关，也与文有关；再有，不但旅行中得有酒，而且游记中也得有酒，前者是构成性的，后者是范导性的。旅途中的酒最好有旅友一起喝，而具有“酒香”的游记则最好有酒友来欣赏，如果这位酒友碰巧又是书友、文友兼旅友，那就更好了——敢问吾友志毅，不才其近之乎？！

2023 年 6 月 14 日午后暴雨将至时

草就于大荒之人文楼

自序

本书的形成，是我从 2021 年起几次寻访浙东“唐诗之路”和浙东运河的结果。

每年挤出一段时间，徒步行走于山水之间，是我最初的愿望和动力。只不过由于工作关系，每次所能拼凑出的时间，最长也不过十天。

这样的时间段，对于深度旅行来说，其实是不够的。纯以步行而言，如果不算夜行，一天大概只能走 30—40 公里。如果再算上驻足停留，欣赏一路上的人文与山水景色的时间，或许只能走 20 公里左右。那么十天左右，能完成的最长路程，也不过是 200 公里。更何况，由于疫情的原因，许多景点临时封闭，有些地方甚至去了就回不了京。

因此，所执行的实际方案是，以徒步为主完成一次“浙东之行”，同时跳过一些熟悉和无法前往的景点。此外，我又以自驾游的形式“补访”了第一次旅行时所漏掉和忽略的地方。

我的家乡在浙东余姚，家门口 20 米处，便是浙东运河流经之地。但这样的旅行方式仍然让我受益匪浅。我见到了我想到的和未曾想到的东西，而一路上颇有些枯燥的独行，倒给了我不少思考的时间。行路与阅读，对我来说基本是同一回事，只是探索未知、寻找未见的不同方式。

徒步行走虽然耗费的时间较长，却自有它的魅力。开车自驾可没办法沿着浙东运河边上新修的绿道，察看当年的古桥群和古纤道遗址；也没办法沿着剡溪一路饱览山水，遥想谢灵运当年“南山伐木开迳，直至临海，从者数百人”的壮举。

另一方面，徒步还可观摩一路上的风俗人情。走得渴了，在国道边上的商贸小店买瓶饮料，而店铺外貌似与20年前的记忆没有任何差别。到了小镇上，穿进小巷，不远处便能看到当地的小寺小庙，绕上一圈，也是难得的经历。

在进入正文之前，似乎有必要先定义一下本书的空间范围，也就是说，什么是“浙东”。

秦始皇分天下为36郡，浙江属于会稽郡。当时的会稽郡范围包括了春秋时期的吴越，郡治也设在吴县，即今天的苏州。东汉时，又将钱塘江以北部分分拆为吴郡，被分拆之后的会稽郡就相当于浙东的前身了。

唐初分天下为10道，开元年间又进一步分为15道，浙江与苏南共属于江南东道。安史之乱后则设方镇，分设浙西观察使与浙东观察使，浙西治所位于润州，即江苏镇江，浙东位于越州，即今天的绍兴。也因此，在唐代后期，已经正式有了“浙东”“浙西”之分，这分割线就是钱塘江（浙江）。从地形上看，当时的浙西除杭嘉湖之外，还包括了苏州与常州。

公元823年，元稹罢相改任越州刺史兼浙东观察使，上任路上，拜访了时任杭州刺史的好友白居易，后者款待并作诗曰：“我住浙江西，君去浙江东。勿言一水隔，便与千里同。”两人从此“篇咏往来，不间旬浃”。

北宋削夺方郡，以“路”为准高层政区，设两浙路，取浙东浙西为“两浙”。明代有南京、北京两直隶，苏南地区归于南京，从此与浙江分离。清承明制，设18省，始有浙江省。

简单来说，浙东与浙西的地理区别在于，浙西是肥沃的冲积平原，浙东则以山地和丘陵为主。浙西为句吴人故地，浙东则是于越人旧居。春秋时期，吴越争霸，战争不断，但实际上，吴与越风俗语言相通，用谭其骧的话说，它们是语系相同的一族两国。[①]

浙西与浙东的历史地理差异，也间接地影响了两地的学术取向与文化性格。章学诚云，“浙东贵专家，浙西尚博雅，各因其习而习也”（《文史通义·浙东学术》），这是就两地学术在“宗朱（熹）”还是“宗陆（九渊）”选择上的持平之论。不过在学术之外，似乎在一般百姓的习性上，也能发现学风之于民情的潜移默化之功效。

如果泛泛而言，钱塘江以南的几个浙江地级市，包括绍兴、宁波、台州、温州、金华、衢州、丽水，都可纳入浙东范围。不过此次旅行，我只走了绍兴、宁波、台州的若干地方，浙南部分并没有涉及。

全书正文包括了7篇文章。第一篇文章《初访天台山》，是我和华东师范大学应奇教授在2022年7月共游天台山后完成的。其时应教授刚从上海脱身，而我们选择走访天台山，也与疫情脱不了干系，当时那里的情势还是相当平和的。第二篇文章《浙东运河游》，则是几次寻访的结果，时间上跨越了2022年和2023年。

书稿的主体部分留给了出生于浙东的几位历史人物，包括王阳明、蔡

---

① 参阅，陈桥驿：《吴越文化论丛》，中华书局，1999，第15–29页。

元培、蒋梦麟与竺可桢。写作的缘起是，我在行路的过程中不时碰到他们的故居和埋骨之地，一开始是偶遇，接着则变成了主动搜寻。走得多了，忍不住想去了解他们到底是什么样的人。

中国的传记通常有两个糟糕的缺点，一是道德观念先行，或者为尊者讳，或者往“恶人”身上再踩一万脚，结果往往写成了一部歌颂或批判史。第二个缺点则是，呈现历史的细节不足，常常凭主观来推测，做不到无一处无来历。有时几十万字读下来，尽管也算掌握了一系列历史事件，但我对传主仍然没有什么认识。

我想了解的是，历史人物在特定的时间和空间，基于什么样的原因，而做出了他们的选择。这些选择所导致的历史后果，是当事人不能完全控制的，不能全数“归功”或“归罪”之，也并非我最关心的。

尽管还原历史的真实场景，或者把历史事件与后人对此的评价完全分离开来，几乎是不可能的任务，但我们至少可以努力做到的，是将历史人物栩栩如生地描绘出来，使其仿佛跃然于纸上，成为我们所认识的某位朋友。这位朋友在那样的时空环境中，基于自己的性格和认知，或彷徨徘徊，或勇往直前，其行为成了历史的一部分，引发了我们的赞赏与叹息。

这里，在传主和后人之间好像存在一种双向的“信息不对称”，传主对于自己为什么会有如此行为拥有更多的信息，而后人则对事件的走向与同时代人的选择掌握了更多的认知。

由是，后人会有两种常见的反应。一方面，我们会惊讶于他们的选择，并想更多地挖掘出传主到底掌握了哪些被历史所掩盖的细节；另一方面，我们又不禁会疑惑，如果传主穿越时空，把握了后人所了解的事实，而他们又有机会重新进行选择，他们到底会怎么做呢？

作家的工作，正在于沟通读者与历史，让读者更深入地沉浸于历史之中，看到人物与事件的方方面面。有一千个读者，便会有一千个哈姆雷特，但这里的前提是，莎士比亚刻画出了一个立体的“哈姆雷特”，而读者出于自己的心境，获得了自己想看到的那一面。一个平面的人物，再多读者去努力阅读，也看不出第二个形象来。

写作历史人物的一个乐趣正在于，像侦探一样寻找线索，破解谜题。有时读到一段材料，心生疑惑，却又不明白前因后果。过了一段时间，在主动搜索或机缘巧合之下，突然找到了另一块拼图，于是恍然大悟。在这个过程中，作者对他的传主有了更深一层认识，也忍不住要将此种喜悦与读者分享。

或许有些巧合的是，本书所涉及的四位主要人物中，有三位是民国时期的大学校长。蔡元培作为民国成立之后的第一位教育总长，他的教育理念，到今天仍有深远的影响力。而蒋梦麟和竺可桢，一位是任职时间最长的北京大学校长，一位则是浙江大学的精神图腾。

民国时期的大学，以西南联大为代表，至今仍为中国文化界所怀念。而那个时代的大学校长们，以蔡元培、梅贻琦、竺可桢为首，也已成为中国现代文化史的重要组成部分。

这样的怀念自然有其合理之处，但如果放到世界高等教育史的维度来观察，可以发现，他们更多的只是踏着高等教育近代化的全球浪潮而行，他们的作为和人格固然令人钦佩，却也不能因此而高估民国学术的实际水准，任何神话和理想化都必然是虚假的。

就世界高等教育史而言，20 世纪上半期同样是第一流教育家的爆发期。奠定哈佛大学作为世界现代大学象征的查尔斯·威廉·艾略特（任期为 1869—1909），以及令芝加哥大学跻身世界一流大学的罗伯特·梅纳德·哈钦斯（任期为 1929—1945），都可以说是高等教育从只与极少数人有关的象牙塔，转型为社会必需品这股时代浪潮的弄潮儿。在某种程度上，可以把他们理解为现代高等教育体系的一代创业家，正如乔布斯和比尔·盖茨之于现代信息产业，洛克菲勒之于现代石油工业。

蔡元培也罢，竺可桢也罢，他们的思考与实践，仍然影响着今天的中国教育。当我们通过其本人的作品和日记来观察他们时，会发现他们的行为没有任何神秘之处，不过是基于自己的信念，在布满礁石的海岸线上勉力前行，尽量让所掌舵的那艘小船不至于倾覆。

蒋梦麟等人的幸运之处在于，他们成长的那个年代，正是中国近代教育的转型之初。对他们的早期人生而言，如果要算一个分水岭，那就是 1904 年，也就是张之洞等人进行“癸卯学制”改革的那一年。蒋梦麟于 1904 年考取南洋公学，竺可桢则是由家里借了一笔钱，在第二年考取上海澄衷学堂。

张之洞可谓是中国现代教育的总设计师，“癸卯学制”固然有模仿日本和西方教育制度的那部分，但同时又在西方教育制度的本土化方面进行了相当超前的思考。这场学制改革改变了一代年轻人的成长道路。1904 年之后，包括初小、高小、中学、师范、高等学堂、女子学堂乃至职业技术学校在内的新式教育机构很快便遍地开花，之后的民国时期乃至新中国的教育体制很大程度上仍然遵循着“癸卯学制”的思路。郭秉文当年在哥伦比亚大学作博士论文《中国教育制度沿革史》，可谓以现代学术眼光评判中国近代教育体制变迁的第一人。他以为在清末，“政府对于新教育的态度绝不像胆怯的没有经验的海浴者。它已不是一次跳水，而是一而再，再而三，不惜任何代价为人民兴办新教育”。[1]

而在蒋梦麟等人执掌大学的那个年代，中国的高等教育体制尚未完全成形，可以在某种程度上超越体制，有足够的空间探索与挥洒。当然，他们的实践也通过某种形式塑造了中国现代教育。随着时间的推移，全世界的高等教育都被陆续体制化，留给后继者们的空间已经不大了。

书稿中的多数文章，曾经在微信公众号“山水澄明”上发表，编辑在刊发时费了不少心力配图，在此予以感谢。《〈竺可桢全集〉中的竺可桢》一文，曾节选部分发表于“澎湃新闻”，感谢彭珊珊编辑的工作。同时要感谢北京大学人文社会科学研究院渠敬东教授的邀约，没有他的热心支持，我可能不会想到要去完成这一系列文章。最后，当然还要感谢深圳报业集团出版社胡洪侠社长的鼎力支持，否则读者未必能看到这部书稿的纸质版。

---

① 郭秉文：《中国教育制度沿革史》，商务印书馆，2017，第 112 页。

目录

第一章

初访天台山

1. 唐诗之路

我第一次听说“浙东唐诗之路”，大约是在几年前经过宁波奉化栖霞坑村时，见到村口的墙上全是关于“唐诗之路”的宣传。不过当时并不以为意，觉得只是一种推广旅游的营销手段而已。

之后我又购得邹志方先生所编选的《浙东唐诗之路》一书，略加翻阅。由于是诗词选，对相关历史地理的介绍还是较为单薄，读来当然有趣，但也并未太放在心上。

真正引起了我对这条“唐诗之路”的兴趣并决心从头到尾游一遍的，还是要从华东师范大学应奇教授提议同游天台国清寺算起。既然要游览寺庙，我便提前阅读了一些相关资料。本意只是对国清寺历史稍作浏览，却不时看到“唐诗之路”的相关文章。

当然第一个值得探讨的问题是：是否存在一条浙东唐诗之路，还是不过是后人为了发展旅游业而捏造出来的词？首先提出“唐诗之路”这个概念的是竺岳兵先生，他在《剡溪是“唐诗之路”》一文中认为，唐代的剡溪是一个相对独立的地区，要游历当时的浙东名山，必须经过剡溪。而有唐一代的一流诗人，相当一部分都游历过浙东，留下了数以百计的诗篇。因此这条路完全可以称得上唐诗之路。

如果不是那么苛求的话，这个说法是可以成立的。唐时期的文人对剡溪确实有独特的情感，不论是出于仰慕谢灵运的放荡不羁，还是想要一探天台的石梁华顶，对不少诗人来说，沿剡溪寻访古迹是一件极具吸引力之事。其中最典型属李白所云，“此行不为鲈鱼鲙，自爱名山入剡中”。

浙东唐诗之路主要连接着今天的绍兴与天台两地，而明确到访过这两个地方，同时又留下诗篇的诗人，为数可观。取其出名者，也可列出李白、杜甫、白居易、刘长卿、孟浩然、元稹、陆龟蒙等人。在唐时期，越中的影响力当然比不上首都长安和洛阳、成都等“一线城市”，却可说得上风华独具，如元稹对白居易所言，“天下风光数会稽”。

在那个时期，人们已经对从绍兴到天台的剡溪之路有足够的认知。建德人李频作《越中行》：“越国临沧海，芳洲复暮晴。……天台闻不远，终到石桥行。”从越国（即今绍兴）到天台，已经被视为一条不太远的游玩路线。更明显的要数李白《送王屋山人魏万还王屋》：“万壑与千岩，峥嵘镜湖里……此中久延伫，入剡寻王许……天台连四明，日入向国清。”从镜湖到剡中，再到四明与天台，直上国清寺，是一条完整的唐诗之路，可见并非后人的一味杜撰。

不过另一方面，如果一味强调此条路线的“唐诗”属性，似乎又可能导致相当的误解，仿佛诗人远道而来浙东，为的便是游山玩水。又仿佛在唐代，只有浙东才一跃而成为中国士大夫心中的世外桃源。

唐代士大夫素有被贬谪的传统，有名的如柳宗元被贬柳州，刘禹锡被贬为远州刺史。公元 819 年，韩愈被贬为潮州刺史，虽然不过 9 个月的时间，却为后人留下了“约束蛟鳄如驱羊”的佳话。仅就浙江而论，刘长卿被贬为睦州司马，元稹被调为越州刺史，白居易任杭州刺史，也并非他们本人所愿。

王敖指出，安史之乱引发了为数众多的北人南迁，而对“南荒”地区的开发，也自然带动了一批唐朝贵族被派离长安。他们所写的山水游记，回应了那段时期的社会动荡，并隐喻着他们的个人遭遇与理想。[①]

如果我们以此视角来观察唐代的浙东，便会发现这一时期，浙东地区逐渐获得了进一步开发。其中对后代影响深远的，要数公元 738 年，越州被一分为二，设立明州（即今宁波），公元 764 年，象山也改属明州。从此以后，浙江的行政区划开始保持相对的稳定。

明州的设立，主要是为了促进海运与对外贸易，但这也必然要求浙东运河的相对畅通。那个时候的浙东，尽管还并非中国经济的发达地区，却已经具备了“文化之旅”的基础设施条件。

2. 从临海到天台

完整的“浙东唐诗之路”，以萧山西陵为起点，过绍兴市区、嵊州、新昌，到天台、临海，大约是 300 公里的路程。

此条路线的起点在萧山，我的计划也是从萧山出发。但就在出行的前一天，萧山突然传来疫情。如果我走萧山，按当时的政策，就要半月之后才能再回北京。考虑再三之后，我只得取消出行计划。

不过由于准备已久，我实在不愿再等上一两个月。于是我想到一个折中的办法：先走终点天台山，对这条路线作些初步了解，等萧山疫情结束，再从萧山开始走完全程。于是我改签机票，到宁波，先与应奇教授会合。应教授此前几次提及要去天台山一游，正好同行。

① 王敖：《中唐时期的空间想象》，长江文艺出版社，2021，第 4 章。

从宁波出发，我们先开车到临海市，游览台州府城。从临海的高速口下来，再前行十余公里就能到台州府城。临海自唐以来一直是台州府治所在，直到1994年台州市政府转入椒江区为止。台州府的城墙目前尚留下5000多米，其中沿江段部分保存较好，其余则多为后修。

我们从兴善门进入府城，没有走上城墙，而是先向东游览龙兴寺。此寺始建于唐神龙元年（705），因鉴真和尚东渡日本曾驻锡于此，及日本天台宗创始人最澄于此地受戒而闻名。不过该寺基本为重建，真正的古迹要数寺后的千佛宝塔，据介绍为浙江仅存的两座元塔之一（另一座位于宁波阿育王寺内）。游塔而出，在藏经阁门口，正好碰到了僧人在做法事。仪式简单，却也算得上庄严肃穆。

寺庙背后便是巾山，山不高，也就100多米海拔，却有数塔相立。历史上巾山便以佛寺林立而闻名，据说曾有30余处寺庙。出龙兴寺后，沿台阶上山，不远处便能看到建于明万历年间的南山殿塔，山顶还有大小文峰塔。此山塔群也是全国重点文物保护单位，颇有价值。

晚上所见巾山三塔

千佛塔

游完巾山塔群，我与应教授回头走上府城城墙。台州府城墙初建时期相当早，但主要的重修应在明、清两代，尤其是明代谭纶、戚继光时期所建的敌台，具有重要的历史意义。这主要体现在两人调到北京负责京畿防务后，所修的蓟镇段长城，也在一定程度上借鉴了台州府城的修筑经验，只不过规模更为宏大而已。问题在于，今天我们在城墙上所看到的数处敌台，都是 20 世纪 90 年代后修复城墙时所增设的，并非古迹。这样的修复，意义又在哪里？

在城墙上一路向终点览胜门走去，向外眺望，不远处便是与城墙走向平行的灵江。灵江旧名临海溪，是台州第一大水系。西—东流向的永安溪与北—南流向的始丰溪在永丰镇三江村相汇，之后便称灵江，再往东流，到入湾部分，则称椒江。从城墙望过去，江对面是后建的新城与小区，虽是县城格局，却有不一般的历史感。

由于府城离灵江相当近，一旦洪水泛滥，水没城墙的事情历史上也时有发生。尤其是宋代，当时临海城墙的建设主要目的便是应对洪水。至于明清时期的城墙建设，则更侧重于防御倭寇。20 世纪 50 年代，临海拆除了约 1800 米长的东城墙，也就是览胜门以下，今东湖路与大桥路部分。[①]不过总的来说，台州府城墙仍可说是江南地区少见的值得一游的古城墙。

由览胜门下山，沿着东湖路回到起点。一路上又碰到两家书店，一家名为“普通读者”，应是杭州同名书店的分店，所列书籍品位不低，值得入店一逛。应教授属于每过书店必入之人，在这里小逛了半个小时，购了几种书后才走。当晚我们便赶往椒江区，第二天直奔天台山。

---

① 郑崎：《临海市古城墙保护研究》，硕士学位论文，浙江大学，2009。

从临海城墙上望灵江

回望临海县城

天台山并非五岳，加上其地势偏远，两晋之前，到访之人并不多。孙绰的《游天台山赋》将其赞誉为陆地之神山，乃登临可成仙之地，但他本人并没有去过。王羲之也曾游天台山，据说还曾在华顶书写《黄庭经》，但这也近乎传说。到了唐及五代，慕名而来的文人才可谓络绎不绝。

到了天台山，当然要先走国清寺。智者大师在新昌石城病发，临终前致信晋王杨广，请求建寺，“不见寺成，瞑目为恨”。杨广于开皇十八年（598）拨款建寺，公元 601 年寺庙初成，时名天台寺。公元 605 年杨广即位，赐名国清寺。当时的院址，是在现寺址以北 100 米的八桂峰山坡上。

隋唐年间，国清寺虽经拆毁，但旋又重建，香火继续旺盛。只是到了宋朝以后，天台宗衰落，国清寺更于建炎四年（1130）“易教为禅”，之后成为禅宗寺宇。元成宗曾恢复国清寺的天台宗祖庭地位，但至明初又改为禅宗道场。直到公元 1931 年，谛闲法师等人向当局争取“易禅为教”，才最终恢复了它的天台宗祖庭地位。[①]

唐之后，国清寺经过多次重建，现有建筑多为清代所修。在 20 世纪 90

① 丁天魁主编《国清寺志》，华东师范大学出版社，1995，第 1 章。

年代，新修了玉佛阁、五百罗汉堂等处，全寺总占地面积近 3 万平方米。

进入寺庙，首先见到的是中轴线上的弥勒殿，主像为弥勒菩萨。过了此殿，沿着中轴线往里，是雨花殿，供奉四大天王像。再往里则是大雄宝殿，殿正中是由青铜铸成的释迦牟尼佛。大雄宝殿两侧还有十八罗汉坐像，据言乃元代文物。继续往前参观，则是最深处的观音殿，此殿为 20 世纪 80 年代所后建。

中轴线之外，东西两侧也有不少可观之处。如内置五百罗汉像的罗汉堂，摆放丰干、寒山、拾得等像的三贤殿，以及后建的天台智者大师赞仰颂碑等。至于那枝据说由章安大师手植，已有 1400 余年树龄的隋梅，由于开花季节未至，我们也只能观其形而猜其盛况。

出得主寺，往对面小道走上几百米，便是隋塔，乃是杨广为报智者大师为其授菩萨戒之师恩所建的报恩塔。菩萨戒是天台宗的重要宗教活动，乃笼络上层政治人物的重要工具。[1] 此塔虽遭火毁，但后又有修复，基本结构尚存。近处仰望，仍可感其古劲沧桑。

国清寺内智者大师像

隋塔

① 参阅，汤用彤：《隋唐佛教史稿》，北京大学出版社，2010，第 4 章。

回到主路，离开国清寺，我们向智者塔院方向前行。不久便看到一块牌子，介绍这条“天台佛陇绿道”，从国清寺到石梁镇，全长 12.3 公里，经过数个村庄，中间又穿插数段“霞客古道”，以及高明寺、智者塔院等景点。

天台山与徐霞客有不解之缘。徐霞客一生三游天台山，且留下大量文字记录。《徐霞客游记》的开篇，便是“游天台山日记”，可见他对此地的热爱。今天从国清寺往上走华顶，已经通了盘山公路，但当地还特意留下了以前的旧道，供徒步爱好者重走霞客之路。不过徐霞客是从宁海前往华顶，先过筋竹岭，到天封寺，由此上华顶，观石梁，再入国清寺，是由东往西的走法。我们则是反向而行，从国清寺往上走。

沿着盘山公路与霞客古道，我们一路上行。不过天气实在太热，带的水又不够，行速相当缓慢。大约一个多小时后，终于走到了金地岭，看到旁边有户人家开着门，我们便走进去，讨口水喝。

休息了一会儿，感谢了主人的款待后，继续沿路向智者塔院而去。智者大师过世之后，弟子将其遗体运回天台山，最后建此定慧真身塔院。此塔院亦几兴几废，徐霞客游天台山时，便言此塔已废。目前的寺宇乃 1980 年后重建。寺庙不大，进了正门殿，便是“智者肉身塔”，塔院之外还有灌顶、湛然、传灯三人之墓。我们来的时间或许晚了一些，庙里别无一游客，倒是安详宁静，颇合塔院的气氛。

从地图上看，塔院之外，再往前方不远，便是修禅寺遗址。修禅寺是智者大师在天台建的第一个道场，国清寺建成后自废，宋代又敕改为“大慈寺”。最澄曾于此寺学习天台宗，后来日本僧人成寻也曾参拜此地，据他言“殿堂屋宇总二百十九间”，规模不小。不过至明代已经被毁，到了今天，只剩废墟而已。

霞客古道牌

霞客古道

出得塔院，我和应教授回山下住宿，待次日再上山参观高明讲寺与石梁。由于准备第二天下午回程，于是我们计划先赴石梁风景区，再往回游高明讲寺，中午便离开天台。

石梁是天台山的核心景区，大名也早就播扬全国，唐孟浩然便云：“问我今何适？天台访石桥。”单就风景而言，这里倒很难说有多么独特，明人王士性便云：“浙有三石梁，南明山石梁蜿蜒卧地，雁荡石梁斜飞倚天，天台石梁则龟脊横空，深壑无底……”石梁飞瀑固然罕见，规模毕竟有限。此地之所以值得前来一观，更多的还在于它所积累的历史元素。

何瞻在论及徐霞客的写作风格时评论道，他是“通过务实的、科学的调查方法，为一个地方创造准确的描述”，[1] 身兼“叙事者”与“行动者”

① 何瞻：《玉山丹池》，上海人民出版社，2021，第 222 页。

两大角色。对我而言，徐霞客的“叙事者”角色毕竟是主观的，以游天台为例，他谈到石梁时云：“余从梁上行，下瞰深潭，毛骨俱悚。梁尽，即为大石所隔，不能达前山，乃还。”或许是因为修了栈道，景观有不少差异，我实在无法与他产生“毛骨俱悚”的同感。而他游天台的具体线路，却因为留下了极为翔实的路径描述，数百年后的人们，依然能够相当准确地重走一遍。

高明讲寺最初为智者大师创建的幽溪道场，唐天祐[①]九年（912）改名为高明寺，此后又经几度改名及废弃。明万历年间，传灯大师到此，重建大殿，并修造楞严坛。之后寺庙又经兴废，到 1979 年重修大殿，再塑佛像，始有今天的规模。

石梁瀑布

高明讲寺

智者大师之后，天台宗经历了一个沉寂期，要至唐代湛然手上，才又达到一个高峰。湛然之后，尤其是经会昌法难，天台宗再度从兴至衰，影

① 唐朝灭亡后，浙东地区仍沿用天祐年号。——编者

响力日减。就整个唐朝而言，前唐是法相宗隆盛，中唐是华严宗鼎盛，后唐是所谓真言诸宗时代。但此诸宗，却都不同程度地汲取了天台宗的观念思想，可见它的影响力尚存。①

到了北宋时期，四明知礼辨识教义，以性恶说为立足，清理门户，并行三昧忏法，最终甚至获得了中央王朝的认可，被赐法智大师之名号，从而带动了天台的中兴。②只不过这一“中兴”，已与天台山无关，而是“四明”与“钱塘”两大派系争辩的结果。随着国清寺后来“易教为禅”，天台山的台宗意义更是无存。

到了明代，传灯大师重修高明讲寺。传灯虽不像智者与知礼那样，受中央朝廷认可，具有全国性的声望，但他著述甚丰，讲经也多，颇受当时名流推崇，是天台宗思想又一位重要传播者。也因此，高明寺可以说是与国清寺并重的两大天台山寺庙。

除了新修的大殿与大钟之外，寺内原来存有不少文物，如相传为智者大师所留的《贝叶经》（经后人考证，包括了更晚时期的印度文学手稿），智者曾用的紫金钵、袈裟，及他手书的《大方等陀罗尼经》，还有传灯所留的铜钟、铜洗等物。不过不知是否出于更易保存等原因，这些文物现在都尽转至国清寺收藏。

在寺庙主建筑之外，尚有一小径，通往摩崖造像及智者大师说法台等处。只不过当时已近中午，实在不及细看。我们只得匆忙下山，驱车赶往宁波。

---

① 参阅，安藤俊雄：《天台性具思想论》，贵州大学出版社，2015，后编。

② 参阅，吴忠伟：《宋代天台佛教思想研究》，宗教文化出版社，2017，第 1 章。

3. 佛教与“中国化”

走罢天台山这几座寺庙，我不仅想起潘桂明教授等人所提出的智者大师不愿为隋朝所用的观点。潘教授认为，智者对南朝念念不忘，而对新建立的隋朝则相当冷漠。在晋王杨广的软硬兼施下，智者才勉强来到扬州，并为杨广授菩萨戒，但又很快离开。公元 597 年，杨广再次派人入山迎请智者。智者不得已出行，却很快便“有疾”，终于新昌石城寺。潘教授甚至暗示，此疾可能并非真的有病，而是智者的自绝。[①]

抛去关于智者如何去世这类无法得到证明的判断，潘教授倒是确实提出了一个重要的题目：中古中国的佛门与世俗政权的关系究竟如何。

东晋高僧慧远提出了“沙门不敬王者”之论，试图在佛门与世俗社会之间划分界限。但实际上，如没有朝廷的支持，佛教也不可能在中国得到如此快速的普及。

智者临终之前请求杨广建国清寺，便可以看作是一个认同新王朝的信号。寺庙建设自然耗费巨资，维持这样的寺庙还需要政府配给一定的庙产与租税，令得佛门依附于世俗政权，又何谈“沙门不敬王者”。

佛教传入中国的时间已不可考，大约在公元前后。但佛教真正渗透入中国社会，却是在两晋。依汤用彤的观点，名僧名士之结合，当起于三国孙权时期。不过要到东晋，随着一批士大夫及其后裔加入佛教，谈论佛学，并将玄学与大乘观念相结合，才形成了佛教中国化的第一波浪潮。

---

① 潘桂明、吴忠伟：《中国天台宗通史》，凤凰出版社，2008。

而在当时，会稽地区已经成为一个重要的佛教中心。会稽以南的若耶山与剡山，有如于法兰、竺道潜和支遁这样的高僧隐居于此，并发展自己的佛教理论。剡山再继续往南数十公里，便是天台山。200 多年后，智者选此地为自己的道场，显然有其延续历史上的弘法事业的考量。

与那些前辈高僧相比，智者同样为官宦之后，可以列入许理和教授所称的“士大夫僧人”。而就实际的社会地位而言，在南陈即将倾覆之际，智者应陈主之邀回到金陵，在宫廷讲说《仁王般若经》，企图挽救王朝。隋朝新立之后，杨广又认其为师，这固然是新朝笼络旧臣之举，但毕竟是一种最高礼遇。作为几朝国师，智者大师与王室政权的紧密关系，可以说是前所未有的。

晋宋之际的佛教领袖慧远法师，也曾接待当时的统治者桓玄等人，并与部分热衷佛教的实权人士书信往来。公元 402 年左右，当桓玄试图提出新政策，令沙门敬服王者之后，展开了一场正反双方的大辩论。最终，桓玄致信慧远，希望听其意见。慧远回信规劝道，沙门虽缺少对王者的跪拜之礼，却不失敬意；虽不在王者之位，却帮助配合王者之治。强制沙门礼敬王者，将使佛教长久沦丧。桓玄一开始并不同意，但最终却听其意见，同意僧人享有不敬王者的特权。[①]

岛田虔次认为，桓玄之所以最终让步，是因为当时王权的力量还不够强大，还未建立一个能够控制僧众或者说将僧众导入世俗体制的制度。[②]这一点当然完全正确，不过另一方面，即便到了唐宋之后，佛门与王权的关系仍然是若即若离的，其中既有佛门受王权召唤的那部分，也有佛门向

---

① 参阅，许理和：《佛教征服中国》，江苏人民出版社，2017。

② 岛田虔次：《中国思想史研究》，上海古籍出版社，2009，第 232–256 页。

下与大众结合，从而不受王命的那部分。我们或许可以将此区分为“体制内佛门”与“体制外佛门”。

桓玄显然极为看重慧远等高僧，他也曾致信慧远，劝其还俗担任他的幕僚，不要辜负人生，所谓“运不居人，忽焉将老，可复追哉？”。慧远自然回信婉拒，但这也说明他的学问、人品已得到上层普遍承认。此时的佛门高僧，不再是远道西域而来的胡人，而是出自中原自身的士大夫阶层。

两相比较，慧远的社会角色至多只能算是方外参谋，而智者大师却可以说是入世极深。这反映出两百年后佛教已经进一步扎根于中国上层社会的现实。但佛教与世俗政权的结盟必有其代价。毕竟，沙门之所以能够不敬王者，一个重要的条件，便是它超脱于俗世。

按刘淑芬教授的看法，北魏太武灭佛的导火线，乃是盖吴的反叛。更根本的原因，则是僧寺所拥有的社会和经济力量，引发了执政者的担忧。而北周武帝灭佛的原因，则可能是借此“消除北齐境内人民，甚或是官民借着佛教信仰作为聚会、联结的基础”。[①]

随着中国进入隋唐的新统一时代，佛教的又一次整顿在所难免。以禅宗和净土宗为代表的中国佛教，越来越面向普罗大众，其中国化的进程更趋明显。而在这个过程中，天台宗的影响力日趋消减。其原因是显然的，天台宗固然也主张开权显实，为大众开方便之门，但其教义仍然高深。不论是其“一念三千”“圆融三谛”之说，又或者它所独具的“性恶观”，都是非细研不可浅解的思想。至于其修行形式，也可说相当繁复，并不适合于芸芸众生。

---

① 参阅，刘淑芬：《中古的佛教与社会》，上海古籍出版社，2008，第3-45页。

于我而言，佛学思想最具吸引力的地方在于它试图以最彻底的方式阐释时间与空间的根本，求索人类乃至一切生物与非生物的解脱之道。它既具备宏大的形而上框架，又将个体置于框架之中，并导引后者的行为。而在实践层面，佛教所倡导的修行之法，其实也如人生之路，拾梯而上，处于不同阶段不同地位的人，都可各取所需。

天台宗的实践就是“止观”，“止”为去扰，也就是“定”，“观”可理解为全方面的观照，也就是“慧”。定慧双修，止观并重，包含着寻求内心的宁静与探索外部的真知这两重含义。

而“止观”之道，则又分为渐次、不定、圆顿三种。“渐次”是由浅入深，循序而修；“不定”指的是依时空环境的不同，或深或浅地修行，而不再循着事先给定的轨迹；“圆顿”则是最高境界，抛去环境因素，直接去体会事物的实相。这三种修行之道，也就是人类学习的三种方式。对普通人来说，由浅入深是唯一之道，来不得虚假。但如果是已有相当经验和背景之人，可以依自己的心性和外在环境，选择一条适合自身的道路来实践与提高。这就好比一位专业人士翻读本专业的著作，不一定是从头到尾读下来，而是直接挑选对自己有意义的部分。至于“圆顿”，则是“初缘实相，造境即中”，不再依赖于外部环境，直接体会实相，近于神秘主义，乃“不可说”之道。①

在中国本土的思想中，老庄与《易经》可说是最具形而上思想的。相较而言，老庄玄之又玄，更近于文学；《易经》倒是框架井然，只是毕竟

① 参阅，田村芳朗、梅原猛：《天台思想》，贵州大学出版社，2013，第 117-123 页。

是卜算之书，它的解读其实相当务实，思辨性与逻辑性并不强。

就此而论，佛教进入中国，确实填补了中国思想的一块空白。不论是它对外在世界的区分，又或者对个体如何获得解脱的求索，都可说是最为独特与具超越性的。它迫使人不断探索自我的本性，而不是像儒家那样轻轻划过，给予一个模糊的假定，不再追究其余，从而沉浸于对人与人之间的关系的探讨。佛教思想所关注的重点不是关系，而是个体，尽管它往往是以一种“无我”或“相待”的姿态来谈论。

佛门对宇宙生成的想象，已经为现代物理学观念所取代。不过它对人性以及人应当如何自处的探讨，直到今天仍然可以启迪众生。儒家当然也谈修身，强调反求诸己，不过我总嫌其不够彻底。儒家也谈“独”，刘宗周甚至将其提高到了“独之外别无本体，慎独之外别无功夫”的高度。但如果“独”是唯一的本体，又为何要“慎”之？何况“慎独”的结果，仍然是不脱人伦，而并未导向根本的“寂静”。

在这个意义上，佛教能够持续地影响中国人的心灵，恰恰在于其没有被彻底“中国化”。在游玩国清寺之后，我与应奇教授聊起这一话题。我们都觉得，所谓“佛教中国化”，至多只能说是后来者的总结，当时的佛门高僧并未有这一自觉。佛教进入中国，自然要面对已有的思想资源的挑战，并显现出它更高出一等的地方。然而这种回应，在多大程度上可以称为“中国化”呢？如钱新祖教授曾经指出的，智者尽管对佛教理论作了综合或者说复杂化的表述，但他仍然保持了印度佛学原有的模态。[①]

① 钱新祖：《中国思想史讲义》，东方出版中心，2016，第 17 讲。

就中国社会内部而言，随着理学的兴起，佛门不论是在政治地位还是思想上都趋于边缘。即便在近代之后，当佛教随着中国社会的剧变而得到某种程度的中兴时，作为观念意义上的天台宗（及其他佛教宗派）也无法再度回到中国思想讨论的中心。佛教再也不可能像刚传入东土时那样，以其思想的深刻性与超越性，冲击着中国人的心灵。中国佛教更多地作为中国文化传统的一部分而得到人们的尊重，至于它的社会功能，或许更多地就像霍姆斯·维兹说的，游客们周末专程去参观坐落在山林风光佳处的佛寺，获得某种精神上的抚慰，得到身心放松，[①] 就像我与应教授所体验的那样。

天台景区众多，除了此次所参观的数处庙宇外，尚有赤城、桐柏、琼台、寒岩、桃源等处名胜。天台山自古便是“佛宗道源”，东晋葛洪便曾在此修行炼丹，桐柏宫也是道教南宗祖庭。不过这些，只能留待下次再行参观了。

① 霍姆斯·维兹:《中国佛教的复兴》，上海古籍出版社，2006，第12章。

第二章

浙东运河游

“唐诗之路”是2010年之后的浙江文化宣传热点，从四明山到天台山，一路上无处不可见关于“浙东唐诗之路”的介绍与宣传。可就历史上的实际作用与沿路的人文景观而言，以萧山西兴古镇为起点，向东一直蜿蜒到宁波镇海的浙东古运河（又名杭甬运河），似乎更具可观可赏之处。另一方面，这条运河的前半段，也即从萧山到曹娥江的人工开凿部分，又与“唐诗之路”基本重合。也正因此，在尝试“诗路之游”的同时，我也忍不住顺便考察起这条运河水道来。

不过我的旅游计划不断被打乱，只趁着机会走了西兴古镇到曹娥江这一段。2022年之后，我终于将运河的曹娥江以东部分也大致走了一遍，算是对这条运河有了些认识。

1. 湘湖

西兴古镇是浙东之路的起点，不过从杭州萧山国际机场出来之后，我走访的第一个地点是湘湖，也就是今天的湘湖国家旅游度假区。这首先是出于地理考量，湘湖位于西兴古镇的更西边。由于整条浙东之路是由西而东，再由北而南，所以从最西边的湘湖游起，似乎更合理一些。湘湖再往西，便到了钱塘江所交汇的三江口，也可以说是浙东、浙西的分界处了。对我而言，游览湘湖更重要的原因则在于它在历史上所具有的独特含义，以及萧邦齐教授所撰写的那部专著《湘湖——九个世纪的中国世事》。

萧邦齐教授并非写作湘湖史的第一位外国学者。1985年，斯波义信教授便撰写了《〈湘湖水利志〉与〈湘湖考略〉》一文，概述了湘湖的水利始末。但正如陈桥驿教授当年所指出的，萧邦齐此书是“目前我们可以看到的对于湘湖历史地理研究的最完备的成果”。这个评价似乎到今天也并不过时。而此书所概述的主题，“湘湖是两种人之间反复冲突的源泉：一种人企图排干湖水以谋私利，而务农的湖民则依赖湘湖来灌溉农田”（选自前言），则是吸引我参访湘湖的最大兴趣所在。

湘湖是一座人工湖，受教于“二程”门下、被称为“程门四先生”之一的宋儒杨时任萧山县令时（公元1112年）筑堤建湖，此时已是北宋末年。建湖的基本思路是利用两条天然山道作为东西两岸，而在南北两端筑就人工堤。建成时，湖底面积达2000余公顷，灌溉面积则近1万公顷，可说是当时的一大全国性水利工程。

建湖的首要目的是灌溉农田，但建湖又意味着要淹没一部分良田。湖塘中设有18个水穴，以灌溉周边各乡，是重要的公共设施。今天走在湘湖边上，还能依次看到后修的“湘湖九桥”，以纪念当年湘湖所灌溉的9个乡村。

既然是公共设施，自然涉及相关管理事宜。围绕着水资源分配、监管、处罚，以及改湖为田等事宜，湘湖在建成后的千年中上演着一出又一出的悲喜剧。

湖建成不久，便有当地高官筹划改湖为田，甚至修建乡村别墅。杨时之后的几任萧山县令都奋力抵挡这些显要们的作为，保湖复湖。明洪武九年（1376），知县张懋还为当年建湖保湖的四位官员建祠致祭，名为“四长官祠”。[①]

① 参阅，萧邦齐：《湘湖》，杭州出版社，2005，第1章。

但随着时间的流逝，湘湖的衰落似逐渐加剧。15 世纪中期，湘湖的面积已经缩小了 20%。为了恢复湘湖，有人甚至献出了生命。曾在外地担任监察御史的何舜宾，直接向皇上奏章，要求复湖。这引起当时县令邹鲁的不满，他诬陷何的门生童显章，将两人投入牢狱，把何舜宾发配广西，并派人在路上将之打死。而这又引发了其子何竞的报复，及一系列后续判案。

到了嘉靖年间，地方名流孙学思建了一座跨湖桥，将湘湖分为两半，分别被称为“上湘湖”和“下湘湖”。此桥阻止了湖水的流动，滋生了杂草，侵蚀了湘湖的功能。修建此桥的最大问题在于，原来围绕湘湖的水利规则是基于湘湖对各乡的灌溉面积而制定的，湖水的人为分割自然使得供水量发生变化，从而引发相关各方的争议与诉讼。

饶是如此，湘湖毕竟在 800 年左右的时间内保持着它的基本形态。除了早年的“四长官”之外，亦有不少以自己的力量保护湘湖的后继者，知名者如张懋、魏骥、何舜宾、毛奇龄、於士达等人。这些在地的士人努力维系湘湖的样貌，并在很长的时间内取得了成功。

晚清之后，湘湖的命运才到了终点。到了北伐成功，国民党开始掌权的 1927 年，根据当时的勘测调查报告，湘湖可灌溉面积已经较之鼎盛时期减少了 60%。[1] 有趣的是，制作这份调查报告显然不是为了保护湘湖，而是要作进一步的开发利用。之后的情况必然更为糟糕，到 20 世纪 30 年代中叶，湘湖已经接近灭亡。1955 年之后，湘湖残余部分（约 1 万亩）被进一步开发，成为农地、砖瓦场和渔场。在最困难的时候，湘湖大约只剩

① 萧邦齐：《湘湖》，杭州出版社，2005，第 3、7 章。

下 1460 余亩水面。[①]

湘湖在 20 世纪的加速消失，说明了中国历史上维护地方利益的自治力量，已经被连根拔起。为了国家的富强，或者说更大的整体利益，当地居民必须作出无偿的牺牲。萧邦齐针对民国时期的湘湖变迁评论道："政府运用它的专横的权力时，把关系、形式和与地方的联系都抛开了，至于其行为在当地居民中造成的后果，则连表面上的关心也没有。"[②]

在浙东，湖田的矛盾并非始自宋代，而是可以上推到两汉两晋时期。当年谢灵运看到会稽东郭有回踵湖（又名回涌湖、白水湖），便想决湖为田，但时任太守孟颛坚决不允。后来，谢又想改始宁岯崲湖为田，同样遭到了孟颛的拒绝。谢为此事愤怒不已，他的行为甚至引发了当地豪强的不满，他们上表诬其有异志。虽然刘宋太祖并未信此事，但这也预告了谢灵运的最终命运。

湘湖的建成及其后续故事，其大背景显然是南方稻作技术的成熟，以及人口的扩张。尤其是南宋以来，北人南迁，钱塘江两岸的人口日趋稠密，对粮食的需求自然也大增，湖田矛盾变得日趋激烈。南方的粮食主要是水稻，而水稻耕作需要水利进行灌溉。随着杭州的定都与大量人口的迁入，依《宋史》云，"水田之利，富于中原，故水利大兴"。

明清时期人口的进一步增长，产生了扩大稻田的需求。根据宋应星在《天工开物》的估计，明代的百姓口粮中，稻米已经十居其七。而在原有农田已经开发的情况下，只能继续通过围湖发展圩田的办法来增加农地。

---

① 参阅，钱杭：《库域型水利社会研究》，上海人民出版社，2009，第 1 章。

② 萧邦齐：《湘湖》，杭州出版社，2005，第 212 页。

当时从全国范围来看，围水造田的中心区域已由长江下游的太湖流域扩展到中游的鄱阳湖和洞庭湖。[①]水稻经济对人工灌溉的极度依赖，在很大程度上塑造了唐宋以来中国社会的土地、人口结构。而从湘湖的故事中我们还可以看到，它也深刻影响了地区内的村庄形式、家族内部关系。

围湖造田自有其副作用，主要是水灾出现频率的加快，以及受灾面积的扩大。对湘湖地区来说，则另有一个灌溉与围垦的内在矛盾。垦田的面积扩大，自然会减小湖的面积，造成灌溉和蓄水能力的下降，同样也会滋生水灾。

这一矛盾，显然与浙东的独特地理条件有关。和传统上的江南地区相比，浙东由于缺少像太湖这样的天然大湖水系，更容易干旱。

李伯重教授认为，明清史上的江南地区，“应包括明清的苏、松、常、镇、应天（江宁）、杭、嘉、湖八府及由苏州府划出的太仓州”，也就是太湖流域的八府一州，总面积约 4.3 万平方千米，构成了一个完整的经济地域。明清时期的江南地区，其中心便是苏州，它“不仅是江南最大的商业城市，而且也是最大的工业城市”。[②]

宁绍平原在水文环境上与以太湖为核心的江南地区有明显区别，江南地区是“以太湖为中心形成由低地向高地溢流”[③]，因此在水利方面也构成一个整体。宁绍平原的特色是东西长、南北窄，在南边的浙东山地与北边的钱塘江之间形成一条狭长的走廊。因此，浙东的地理特点是南高北低，

① 曾雄生：《中国稻史研究》，中国农业出版社，2018，第 285 页。
② 李伯重：《多视角看江南经济史》，商务印书馆，2022，第 24-38 页。
③ 耿金：《形塑地景与人文》，社会科学文献出版社，2022，第 281 页。

溪水从山脉上向下流，最终汇而成江，流入大海。再加上浙东运河的东段部分，海水可能倒灌导致江水无法使用，因此人工建塘、湖进行灌溉，而借助政府和地方力量维持湖面不被侵占，便成了当地一个重要的社会问题。如明代曾任工部主事的黄九皋在《水利志》所言："（绍兴）八邑自嵊、新昌外，其六邑俱以湖为水库，农夫望之为命。"[①]

另一方面，在蓄水救旱、灌溉各乡之外，湘湖也有养殖水产之用，包括养鱼、湖蟹，种植菱角和莼菜。至于它所营造的风光景色，更是经由诗人而流传至今，如明代魏骥作诗云："漾漾平湖趁晓风，推篷随处趣无穷。"

在明代，湘湖似乎已经成为一个颇有名气的自然景点，引来不少文人墨客参访。王阳明于1513年游览湘湖时，作诗云："好山兼在水云间，如此湖须如此山。"他的好友湛若水也曾游湘湖，所谓"始闻湘湖胜，三夜梦见之"。据王阳明学生黄绾所记，湛若水还准备在湘湖置业，"湛公又欲买地萧山、湘湖之间，结庐，与予三人共之"。

巫仁恕曾以湛若水为例，指出直到明代中期，士大夫仍然将旅游视为不务正业之道。[②]周振鹤在后来的文章中也直接沿用了巫仁恕的观点，似乎还有一定影响。但这个看法显然是不正确的，湛若水不仅游览过湘湖，一生还拜访了不少名胜古迹，尤其是晚年91岁时再次游南岳衡山，甚至说，"晚年进步，在此一游"，有借着登名山来"随处体认天理"，提升自

---

① 顾炎武：《天下郡国利病书》，上海古籍出版社，2012，第2483页。

② 巫仁恕：《晚明的旅游风气与士大夫心态》，"生活、知识与中国现代性"国际学术研讨会论文，台北，2002。

己的心性与学问的想法。作为当时的道学大家，湛若水当然看不上那种只在名胜处到此一游的“形游”“俗游”，但他绝没有不主张实地旅游，而只在家中“神游”的意思。

湘湖的建设初衷，自然是出于灌溉农田的实用目的。但随着时间的延续，围绕着湘湖，已经形成了独特和稳定的人—湖—地关系，一旦这样的关系被破坏，其社会后果是难以预料的。护湖的力量之所以如此强烈和持久，保护了湘湖水域近 800 年的稳定，并不是因为人们在这么长的时间段内从没有看到改变所可能带来的利益，而是因为他们将这块土地视为性命相系之物。

与现代社会的“流动性”相比，生活在传统水稻型农业社会中的人更期望一种稳定而可预期的生活。他们不希望从几代以上传承下来的生活方式被改变，即便“罢湖复田”带来了更多的利益时也是如此。这才是萧邦齐教授所讨论的湘湖悲喜剧的核心。

与华南社会相比，浙东地区的人们或许没有那样强烈的宗族维系，但却同样在相当长的时间内保持了基层社会的稳定。北京大学原校长蒋梦麟出生在离湘湖几十公里之外的余姚蒋村，他们家族大约是在元末搬到此村的，历时 600 多年，经过两次改朝换代而不散。按蒋梦麟自己的描述，“朝代更换了，蒋村却依然故我，人们还是照常地过活、做工，最后入土为眠。”[①] 直到今天，蒋村依然大致保持原貌。

在近代以前，东亚社会的这种农业模式支撑起了极高密度的人口，且

① 蒋梦麟：《西湖与新潮》，浙江大学出版社，2019，第 18 页。

并不需要现代农业的工业化肥，被某些学者认为是永续农业。20 世纪初美国知名的土壤学家富兰克林 • 金在访问东亚三国之后，认为这种永久性农业很早便被发展出来，而且也值得美国学习。[①]

不过它说到底还是一种高度依赖于密集人力的生存型经济。即便从环保的角度来看，传统水稻农业同样要面对水土流失、对土地资源的过度开发等问题。作为生产模式，它确实经受了时间的检验，但说不上是一种永续农业。湘湖的历史和结局便暗示我们，它更像是一种变化缓慢却处于不断衰落中的生活方式。

按陈桥驿等人的看法，浙西平原地区的水地关系是自宋朝以后逐渐走向失衡的，主要原因是人口南迁造成的资源压力。人口的不断增长意味着对田地的需求也在不断提高，围湖垦田便是必然的选择。据估算，从唐代至今，宁绍平原的总蓄水量下降了一半左右。[②] 因此要说永续，恐怕最多也只能说是“低水平”意义上的永续。用伊懋可的话说，“到 18、19 世纪，中国的水利经济陷入前现代的‘技术锁定’模式之中，从而进退维谷”。[③]

冀朝鼎在讨论中国历史上的基本经济区时，对南宋时期的湖田问题批评道，利用湖床土地所产生的危害，只有在严格的政府控制下才能避免。而当时的政府自然没有能力制定这种合理的制度。在他看来，只要中国可以对此进行统一的设计与管理，“因湖川排水而占去的地面就可以大大地

---

① 富兰克林 • H. 金：《四千年农夫》，东方出版社，2016，第 12 章。

② 陈桥驿、吕以春、乐祖谋：《论历史时期宁绍平原的湖泊演变》，《地理研究》1984 年第 3 卷第 3 期，第 29-43 页。

③ 伊懋可：《大象的退却》，江苏人民出版社，2014，第 136 页。

缩小，所开垦的土地或许比迄今为止的耕地要多得多”，因此所有的问题都可以归结于土地制度与国家性质的问题。[①]

这样的论断，显然是脱离历史的，也很难说符合事实。在900年前，不仅南宋朝廷没有，同时期世界上任何一个政府也不可能拥有全国性统一管理的技术。这不是土地制度的问题，也不是国家性质的问题，而纯粹是一个技术问题。伊懋可曾对中国的水力维护与近代早期欧洲作了比较，指出欧洲的灌溉农业数量有限，也只有几条中等长度的运河，在土地利用方面是远不及中国密集的。[②]另一方面，由国家来进行所谓的统一设计和管理，就能得到更好的结果吗？这一点，显然也是存疑的。

湖田的利用和保护，说到底是一个地方性问题，与全国的关系并不大。从湘湖的历史中可以看到，当地政府与在地居民已经摸索并发展出了一整套保护水利的乡规民约。随着人与时代的变迁，这套地方性制度当然也受到了不同的挑战，但它毕竟在800年中持续保护了湘湖的存在，也保障了周边九乡居民的基本生活水平。对此作超越历史的苛责，是没有道理的。

钱杭教授则提出了一个湘湖水利集团的理论。在他看来，湘湖周边的九乡部分居民构成了一个农业水利集团，而这个集团以排他性的方式排斥对水资源的进一步开发利用。而提倡“罢湖复田”的豪民，其实也不过是当地的利益受损者。他进一步认为，这种对资源的利用并不充分合理，也“缺乏有效的流转机制，没有为进一步调整有关各方的利益，满足新增用

① 冀朝鼎：《中国历史上的基本经济区》，商务印书馆，2014，第7章。
② 伊懋可：《大象的退却》，江苏人民出版社，2014，结语。

水户提出的水权要求”留下余地。[①]

简而言之，钱杭教授是采用现代经济学的某些观念（产权、效率等）来评判湘湖借由历史而形成的规约，并试图为历来被批判的“权势之家、豪强之族”正名，因为在“罢湖复田”与“护湖”这两者之间，并没有绝对的对错之分。护湖者并非出于“公利”，而“罢湖复田”者往往是利益受损的一方。

当然，在中国传统上，“农”的地位高于“工商”，也因此，护湖总是占据着道德的制高点。就今天的角度而言，自然不必再像过去那样只重“本”而排“末”，但这也不代表我们便能以今天的眼光评判过去的行为。更何况，经济学的效率观念也从来不是制定社会规则时的主要参考标准。

实际上，现代经济学的若干理论得以成立，依赖于极为严苛的条件，比如可以量化的成本—收益分析，以及诸多“其他条件不变”的假设。然而对传统社会而言，所面临的成本与收益通常并不清晰，而只有大致的框架；同时，一旦将涉及的问题放大到时间跨度较长的社会历史背景下，又往往会出现条件参数的猛烈变化，或者无法预料的小概率事件（改朝换代、行政区域重划、江河改道、局部气候的改变等），从而使经济“计算”变得无意义。

这当然不是说，现代经济理论对理解传统社会毫无作用。在某种程度上，当我们观察到现代经济理论是如何不适用于传统社会，正可以将此作为理解传统社会的一个切入点。从中可以发现的往往是，传统社会的人们

---

① 钱杭：《库域型水利社会研究》，上海人民出版社，2009，第 87 页。

在制定政策时的来源与根据，与现代社会大不相同。

对创制乡规民约的士绅官员来说，获得一时一地的“最大利益”并不是他们的关心所在，维护长久以来已经形成的生活方式才是更重要的目标。他们所设想的，是那些虽然发生概率不大，却很有可能在未来某个时间点出现的极端事件。这样的事件一旦出现，可能将直接危及现在的乡村社会，造成致命的影响。对现代社会的个体而言，他们更多是通过自己的选择来对冲风险，当然这点能够实现，也依赖于现代社会所创造的种种避险工具，而这些是传统社会所完全不具备的。

在 21 世纪，湘湖又得到了复生。现在我们所看到的“新湘湖”，便是 1995 年所设立的湘湖旅游度假区。到今天，湘湖度假区已建成三期，总水域面积在 6 平方公里左右，与西湖相当。比起历史上的鼎盛时期，当然还是小了许多。

走在宽阔的湘湖大道上，可以遥想此湖当年的灌溉功能与历史意义。一路游来，景区所更多强调的，是此地所承载的越国历史文化。如路上的临水祖道亭、西施别越雕像等，都是为了纪念越王勾践败于吴国之后，不得不入吴为人质这一段历史故事。

就历史而言，勾践入吴要跨过钱塘江，自然没有必要经过当时还是天然湖泊群的湘湖。但随处可见的纪念雕塑和文字又似乎在不断提醒游客，此地见证了吴越春秋的激荡历史。旁边的越王城山遗址公园，确实有历史依据与考古证实。历史上的咏越王台诗文也是数不胜数，尤以文天祥的“登临我向乱离来，落落千年一越台”最为伤感。

沿着湖继续往西行，便能看到当年的旧跨湖桥，经修整后保存了下来。历经数百年风雨，此桥曾引起的争议恐怕也没有多少人记得了，反被列入今天的“湘湖八景”，成为湘湖重要的历史遗产之一。

在老桥旁，又建有一座全新的五孔石桥，可供人车穿越湘湖两岸。桥旁便立着首建湘湖的萧山县令杨时之雕像。不过，对他的介绍只有寥寥数句，关于他开建湘湖之功更是一笔带过，似乎简单了点。

今日湘湖

杨时像

在湖的南岸，还建了一座跨湖桥遗址博物馆。20 世纪 90 年代以来，在跨湖桥附近进行了一系列考古发掘，这座博物馆是为了保护与陈列此间的考古发掘而建，当中最为重要的发现是一艘 8000 年前，长约 5.6 米的独木舟，可以想象此地曾经湖海相连，水泽千里。

湘湖与浙东地区历史上的其他人工大湖，如鉴湖、皂李湖、夏盖湖、汝仇湖、上妃湖、白马湖、广德湖等，所经历的故事大同小异，都是不断废湖与复湖的力量之争，只是结局不同，有的彻底消失，如夏盖湖、上妃湖、广德湖；有的基本不存，或废而又复的，如湘湖；当然也有至今维持较完整的，如皂李湖、白马湖。它们与浙东运河一起，构成了浙东地区社会变迁的重要因素与见证。

2. 西兴古镇

离开湘湖，我接着又走西兴古镇，探访浙东运河的历史起点，并计划由此沿着运河线一路东行。不过在此之前，我先去了萧山的三江口。

西兴码头往西南行约10公里，便是富春江、浦阳江、钱塘江交汇的三江口；如往东行60公里左右，可到曹娥江大闸，也就是曹娥江入钱塘江处。浙东运河人工开凿的主要部分，就在这两地之间。

陈桥驿教授认为，在宋之前，浦阳江原来便是西出渔浦，由此交汇后入海。南宋之后，才在现在的交汇处继续往东流，借道钱清江（即西小江）与曹娥江相汇，再入钱塘江。到明代嘉靖年间，筑麻溪坝、凿通碛堰山（今又称积堰山）进行人工改道，并建三江闸之后，浦阳江的入口又回到了今天的位置。此闸总长108米，闸附近设立水则，根据水位高低确定开闸数，以泄水调节水位，保护周边的农田。该闸一直运行到1979年，才被不远处所修的新曹娥江大闸取代。①

朱海滨教授对这一观点作出过较为全面的批评，他的基本看法是以往古籍所载并无问题，浦阳江一直是沿着钱清江与曹娥江相汇，直到明代才改道，不存在所谓回归之说。②抛开其中一些并不是很重要的细节争论（如临浦、渔浦在古代是否为湖），陈桥驿并没有提出南宋浦阳江曾经改道的直接证据，可以说只是一种推论而已。陈桥驿还指出，卫星照片显示临浦

---

① 姚汉源：《中国水利史纲要》，水利电力出版社，1987，第377-378页。

② 朱海滨：《浦阳江下游河道改道新考（历史地理 第二十七辑）》，上海人民出版社，2013，第106-122页。

处有古水道残迹，但即使此点为实，这里的古水道究竟有多“古”，以及它与南宋改道之间的关系又是如何，其文章都没有作出更多分析。

三江口处往南不远，便是渔浦公园，也就是当年的渔浦古埠头，其实是个相当小的公园。在唐代，渔浦是与西陵齐名的钱塘江主要渡口，也是通过航运从外地到越中的主要渡口。北宋之后，此码头逐渐衰落，到今天，也就只剩下一个可以留念的地点。

离开渔浦公园，我便去往西兴古镇。此地是历史上浙东运河的起点，唐时便于此设立驿站，作为两条运河之间人货转运的重要枢纽。不过今日的新运河起点已经改在了杭州艮山，现在只能看到旧时所建的西兴驿与永兴闸的残余部分。一路走在安静的古镇上，实在有点难以想象当年它对面钱塘江，人声鼎沸的兴旺场面。

唐初期，浙西地区以及浙东的萧绍平原已经有了相当的发展，宁波等地则尚属未开发。公元 738 年，设立明州，即今宁波，越州相当于被一分为二。公元 771 年，在三江口（余姚江、奉化江、甬江）处修筑明州城（内城），宁波开始快速发展。

不过，当时的宁波还相当落后，只能算是偏远地区。元稹任浙东观察使后，即上书《浙东论罢进海味状》，表示明州每年向朝廷进淡菜一石五斗，海蚶一石五斗，数量虽然不大，进京四千余里的路程，却要排夫九千六百余人，实在浪费，故请停进。①

① 元稹：《元稹集》，2010，中华书局，第 505-506 页。大约在当时的中央眼里，宁波的特产也就是诸如此类的海鲜了。

公元 821 年，明州州治从小溪（今宁波鄞江区同岙村）迁至三江口。明州的主要商业意义就在于对外进行海上贸易，并沟通内陆运河（浙东运河）。在当时，明州作为“杭州的外港，分担着以杭州为中心的海产品、农产品和山货集散地的功能”[①]。

浙东运河最初的修建，可以追溯到春秋时期越国所修的山阴故水道。《越绝书》云：“山阴故水道，出东郭，从郡阳春亭。去县五十里。”指的也就是从绍兴到上虞曹娥江的一段。西晋惠帝年间，会稽内史贺循开凿漕渠（西兴运河），将原有的河道加以连接和疏浚，从西兴往东，与钱清江相汇，再过绍兴城，从东鉴湖一直到曹娥江，但当时主要目的还在于农田灌溉。[②] 至此，浙东运河的人工段部分便算基本完成。从曹娥江经通明坝往东，进入姚江段之后，主要便是利用自然水道，人工部分不多。

南齐时期，此条水道上便设有好几道牛埭，商旅经过时，用牛拖船上坝，并收取过埭税，这也是政府的一项重要收入。[③] 至宋时，则有所谓七堰之说，每行几十里便需过一堰。[④]唐时，在山阴运河沿岸又修建了纤路，便于拉纤，今尚存部分古纤道桥。但总体而言，此时的浙东运河仍是一条区域性的河道。

在唐代，西兴码头紧邻着钱塘江的江边。之后钱塘江逐渐北移，两边

① 斯波义信：《宋代江南经济史研究》，江苏人民出版社，2012，后篇。
② 陈桥驿：《古代鉴湖兴废与山会平原农田水利》，《地理学报》1962 年 9 月。
③ 姚汉源：《中国水利史纲要》，水利电力出版社，1987，第 130-131 页。
④ 姚汉源：《水的历史审视》，中国书籍出版社，2016，第 164-204 页。

隔着 20 里的路程，因此宋代又挖掘了沟通两边的河道。

日本僧人成寻于公元 1072 年由杭州赴天台国清寺，当年 5 月 5 日在西兴泊宿，第二天凌晨乘船出发，下午 1 点到钱清堰，然后“以牛轮绳越船，最希有也”。当日，船行至绍兴府仰恩门下停泊，隔天继续前行直至曹娥堰。5 月 8 日则沿曹娥河向南，过 100 里到蔡家山。9 日继续前行，因为河水浅，大船不能上，改乘小船，行 90 里，到蔡家浦。再往后的行程则主要是陆路了。[①] 成寻这条天台寺路线的前半部分，便是沿着浙东运河而走。

到了南宋，由于政权定都杭州，浙东的地位顿时得到提升，这条整修后的漕渠不仅沟通了杭州至宁波沿途的诸多城市，也勾连了台州、温州两地与杭州的交通，成为当时的主要水运干道之一。[②]

明代的时候，又相继废除了河道上的几个主要堰坝，使得此条河道的西段一路顺畅，直达曹娥江。清人黄宗羲曾言：“自曹娥而西，路无支径，地势平衍，无拖堰之劳，无候潮之苦，较曹娥而东相悬绝矣。”[③] 不过如按黄宗羲所述，在明清之际，此条河的东段仍然行者甚难，而且大船难以拖堰，那么它的实际运输价值也是有限的。到了晚清，由于宁波被辟为通商口岸，运河的价值逐渐下降，更不复当年风光。

---

① 参阅，成寻：《参天台五台山记》，崇文书局，2022，第 1-16 页。

② 陈桥驿：《吴越文化论丛》，中华书局，1999，第 346-353 页。

③ 黄宗羲：《余姚至省下路程沿革记》，载谭其骧主编《清人文集地理类汇编》第二册，浙江人民出版社，1986，第 173 页。

西兴古镇

3. 沿运河向东

现在一般认为，浙东运河的基本路线是由西兴至上虞曹娥堰，再继续往东，过上虞，接余姚江，最后从宁波入海，全程约200余公里。不过在过去，人们通常只把从西兴到曹娥江的人工部分称为运河。此外，当时另有一条自绍兴接东鉴湖水向南由蒿坝入曹娥江的运河，顾祖禹在《读史方舆纪要》中称这条河“长八十里，则为嵊县之运河矣”，是古时连接绍兴与台州的重要运道，“为台、绍二府必经之道”（卷92）。今天，由于东鉴湖的消失，此条水路也已不存，只留遗迹而已。

在京杭大运河的申遗过程中，浙东运河是列入其中的，这似乎也得到了当代不少学者的支持。其中，斯波义信认为：“凭借经余姚、曹娥把宁波与杭州联系起来的水路及浙东运河，宁波实际上成了大运河的南端终点。”[①]

但这一点并非没有争议，问题无非在于：（1）曹娥江尤其是通明坝以

① 施坚雅主编《中华帝国晚期的城市》，中华书局，2000，第470页。

东部分，主要为天然水道，是否可以算运河；（2）历史上，浙东运河与大运河之间的关系是否密切。

就第一点而言，尽管余姚江主要为天然水道，至少在南宋时期，政府相当重视浙东运河，关于越州至余姚县境内的“运河浅涩，坝闸隳坏，阻滞纲运”问题，皇帝多次亲自下令漕臣开工维修，并限定时间。因而将通明坝以东部分列为运河还是妥当的。①

关于第二点，如果纯粹从历史上看，浙东运河与隋唐大运河的关系并不是很紧密。修建大运河的目的在于沟通南北，其背景则是唐宋年间，中国的经济重心从北方逐渐向南方倾斜。唐代立都长安，位于西北，关中的生产不足以支持政府的耗费，需要从江淮运来米粮和布帛等各种物资作为补充。到了开元天宝年间以后，由于契丹力量的兴起，江淮地区的资源也运往河北方向，供给驻守的军队。②

到了南宋时期，政权偏安一隅，隋唐大运河被一分为二，真正发挥作用的只是镇江到杭州的所谓“江南运河”这一段。此时，浙东运河的地位开始迅速上升，然而这主要的原因只是杭州成了首都，宁波一跃而为畿甸，与大运河没什么关系。

元明清时期所改修的京杭大运河，其线路与隋唐运河有所不同。元代以海运为主，运河的作用不大。明清两代重视大运河，也造就沿河不少城市的兴旺发达。但就根本而言，大运河是一项政治工程，在造福民生方面没有什么帮助。由于运河是人为构建，航道并不理想，无法常年通航，且要耗费

① 参阅，姜林希：《南宋浙东运河整治研究》，硕士学位论文，辽宁大学，2017。
② 参阅，全汉昇：《中国经济史研究（一）》，中华书局，2011，第236-246页。

巨大的人力进行疏浚维护。它的主要功能，无非是每年向京城输送 400 万石左右的漕粮，而对沿河环境的破坏，尤其是对黄淮地区百姓生计的负面影响，实在是难以估计。[①] 至于为何一定要以此种方式运送漕粮，如黄仁宇所言："决定这一系列问题的，并不是自然环境，而是国家，是思想观念。"[②]

由于钱塘江江道逐渐北移，西兴闸口江沙淤塞，西兴闸口与钱塘江江边的距离也达 20 里之多。[③] 浙东运河与京杭运河之间的关系在元代以后变得更为疏远，在二者间转运的难度也更大。总体而言，浙东运河的作用似乎更多还在于沿河内部主要市镇之间，以及浙东与江南地区之间的贸易、运输往来。

因此，浙东古运河作为京杭大运河的一部分，与其说是历史性的事实，不如说是今日的文化再造。事实上，浙东运河承载着当地的历史与文明，见证了自唐以来宁绍地区的生生变化，它的存在本就有其独立的意义，并不需要所谓的京杭大运河来证明它的价值。

我从萧山沿着古运河的路线东行，先进入绍兴柯桥区，发现河道旁新修了一条省级绿道，正好方便路人步行。向前行走不多远，便能看到曾经的古纤道遗址，今天已经辟为公园，保存尚算完整。

接着再一路往东，穿过柯桥区，此行路上有不少可以驻足的人文自然景点，包括柯岩风景区、柯桥古镇、鉴湖、瓜渚湖等。一路上，还经过了不少绍兴的古桥，给我留下最深印象的，要数明代始建并于晚清重修的太平桥。

---

① 参阅，邹逸麟：《中国历史地理十讲》，复旦大学出版社，2019，第 221–248 页。

② 黄仁宇：《明代的漕运》，新星出版社，2005，第 233 页。

③ 陈桥驿：《吴越文化论丛》，中华书局，1999，第 350 页。1 里等于 0.5 千米。

古纤道

太平桥

绍兴的古桥保存数量极多，且风格各异。据统计，现存古桥604座，“其中宋朝以前13座，元明时期的41座，清代桥269座”。[1]太平桥建于明天启二年（1622），它的特点是由一座半圆拱桥与九孔高低石梁桥组合而成，且桥拱下有纤道，横跨于运河之上，相当瞩目。桥对面还有一座新修的“待月楼”，耸立于湖面，我没有过去一游，倒不知当中是否有典故。

转入绍兴城内后，更是有太多可以游玩的名胜古迹，且其中不少具有全国性知名度，似不必再加列举。从绍兴城区继续往东进入上虞区，直到曹娥江边，沿途还可参观竺可桢故居、曹娥庙等。至于那些基于若有若无的传说，纯为旅游所修建的中华孝德园与英台故里，不逛似也无多少损失。

从曹娥江往东，运河分为南北两线，北线称虞甬运河，初建于南宋时期。从曹娥江赵家船闸往东，过上虞白马湖，紧挨着牟山湖，折向南经驿亭镇五夫村，通过五夫坝向南流入余姚江。在21世纪初对杭甬运河进行大规模重修之后，此条北线的航运功能已经基本消失，成为以防洪为主的水利设施。不过，如有雅兴沿河而行，会发现仍有不少值得一走之处，其

① 罗关洲：《绍兴古桥文化》，中华书局，2004，第2页。

中最知名的还要数运河边上的白马湖。

上虞在历史上有不少人工名湖，如东汉时期便有的上妃、白马二湖，以及唐时所修的夏盖湖。其中夏盖湖在历史上是宁绍平原的第二大人工湖，仅次于鉴湖。据《读史方舆纪要》所言："夏盖湖在县西北四十里，夏盖山南。唐长庆二年（822），开以溉田，湖周一百五里"，灌溉田地达十余万亩。与湘湖类似，夏盖湖在宋之后也历经数次废湖与复湖运动，只是命运更为不幸。[①] 当然，夏盖湖消失的直接原因是，康熙年间海潮袭击上虞海岸，导致海水直接注入湖内，从此湖水盐碱化，无法被利用。因此在雍正六年（1728）之后，湖田开发正式解禁，于是湖面越来越小，到光绪年间，已经"昔有其名，今无其实"了。[②]

相较而言，白马湖尽管也经受废湖的压力，但还是保留了相当部分，目前湖面面积约 6 平方公里。不过真令白马湖留名于中国近代文化史的，还是 1922 年在湖畔创建的私立春晖中学。首任校长经亨颐吸纳了一批文人作家来学校任教，从而形成了以夏丏尊为首，包括陈望道、李叔同、朱自清、叶圣陶、俞平伯、丰子恺在内的"白马湖作家群"。

这些文化名流并未在春晖中学任教太长时间，却成就了一段近代文学与教育的佳话。夏丏尊当年所居的"平屋"与丰子恺的"小杨柳屋"等，修葺后作为春晖"文化长廊"保留了下来，供来访游人参观。

① 参阅，王卫：《历史时期夏盖湖之因革演变研究》，硕士学位论文，上海师范大学，2013。
② 本田治：《关于宋元时代的夏盖湖水利》，载钞晓鸿主编《海外中国水利史研究：日本学者论集》，人民出版社，2014，第 378-392 页。

春晖中学丰子恺旧居

白马湖离上虞城区有一定距离，位置相对偏僻。我先是叫了辆出租车开到白马湖边，然后步行穿过白马湖，走到春晖中学门外。一路边行边欣赏，校园内外相当安静，还有一点当年夏丏尊所称的“小村落”的味道。蔡元培1923年在春晖中学对学生发表演讲时，特别说，“春澜先生出钱办学，不办在都会，而办在这风景很好的清静的白马湖，这尤足令人快意”。

学校虽居僻地，校长经亨颐的志向却相当远大，他在1924年学校开学演讲中说道：“白马湖不是避人避世的桃源，是暂时立于局外，旁观者清，不受牵制，造成将来勇猛的生力军的所在。”

曾长期担任浙江省立第一师范学校校长和浙江省教育会会长，可谓民国初期浙江教育界领袖的经亨颐，有自己独到的教育理念。他所主张的教育，是“纯正的教育”，也就是以教育为教育，在宗教和政治上均表中立，对学生则“因材施教，因时制宜”。他担任春晖中学校长的时间虽然不算长，却留下了永远的烙印。别的不提，光是在春晖中学继续实践学科制，推行必修、选修课程，便是敢为天下先之举。春晖中学创办不久，就赢得了“北有南开，南有春晖”的名声，这当然是经亨颐及他招募的这一大批新派文人带来的。

罗福林在论及“白马湖作家”时，略带情感地表达道：“春晖中学的故事就是一则文学叙事：一群人，既是中学老师又是创造力满溢的作家，以远离历史和田园生活形式，再造现代教育。”①

这个说法似乎略显夸张，在白马湖畔任教的多数老师很快便奔赴北京、上海等大城市，同时也很难说春晖中学为中国近代教育留下了什么。但在春晖中学生活过的人们，又往往对此怀念不已。夏丏尊定居上海后许久，还回忆道：“白马湖之冬，可谓是快意人生！”经亨颐到了晚年，仍常常回访白马湖。1935 年，他与同盟会元老柏烈武等人在白马湖小住，作诗云：“一语送君白马驿，心如湖水鬓如霜。”

运河南线又称四十里河，历史上，运河由西而东从梁湖堰（今已废）起，流经皂李湖等地，过通明旧坝，又过余姚沈湾村等地，进入余姚江。南北两线在余姚西边的马渚菁江渡汇合，然后进入余姚城区。后来又在此条路线靠北一点的地方开掘了与之平行的新河道，称为十八里河，大约是从上虞的虞光村到余姚马渚的四联村。今天此河尚存，只是已不作通航之用。

今天，沿运河过曹娥江向东，则是经大厍船闸（离梁湖堰不远），然后向东流十余公里，来到通明新船闸。如再继续往东，便进入余姚境内，

① 王德威主编《哈佛新编中国现代文学史》，四川人民出版社，2022，第 365 页。

此段运河也称姚江。

大库船闸

大桥上望今日通明新船闸

通明旧坝指的是南宋嘉泰元年（1201）所建的古清水闸，今只剩遗址。童志洪曾有一篇文章指出，清水闸应建于嘉定元年（1208），理由是始建者钱绩迟至1208年才任上虞县尉。不过这点是立不住脚的，为清水闸修成作记的“烛湖先生”孙应时死于1206年，怎么可能在1208年写文呢？庆元六年（1200），孙应时在常熟知县任上被罢免，从此一直闲居在家，从时间上看，清水闸建于1201年也是吻合的。[①]

沿坝往东约十公里可以来到沈湾村，村旁有始建于明代，同治年间重修，被称为“浙东第二桥”的永思桥。此桥于1867年重修后，光绪年间被洪水冲击，后再次重修。到今天，桥身已经变为沥青所铺，看不出旧貌，唯下半部分还保留着传统的样子。在沈湾村之外约500米，一座全新的跨运河大桥已经建成，同样以永思桥为名。

① 参阅，黄宽重：《孙应时的学宦生涯》，台大出版中心，2018，第六、七章。

今日永思桥

沈湾村虽小，却也诞生了不少近代名人，最为出名的要数民国时期曾任金陵大学农学院教授的沈宗瀚，以及他的儿子，曾任台湾“清华大学”校长的沈君山。沈宗瀚的六弟沈学年，获康奈尔大学农学院硕士学位，后长年任教于浙江大学农学院，亦为家乡树人。

沈宗瀚在20世纪50年代所写的回忆录中，描述老家沈湾村时说，此地三面环山，一面临水，“山上松柏桧栎成林，山岙多修竹杨梅，野猪与獐，杂生其间”。他出生的时候，“全村约有二百户，七百人，村中均为沈族”，且“全村无乞丐。百年来无讼事。人心团结，道不拾遗，有无相通，守望相助，诚世外桃源也”。[①]

1909年左右，沈宗瀚入读余姚泗门诚意高等小学堂（也就是蒋梦麟的父亲等人共同出资创立的三乡诚意高等小学堂），读书四年，并以第一名的成绩毕业。他入读此校的主要原因是学校设寒额，为贫穷子弟免学宿膳

① 沈宗瀚：《沈宗瀚自述》，黄山书社，2011，第21页。

费。沈宗瀚回忆说，此高等小学教员文化程度颇高，教授管理极为认真。他还提到，国文老师中有二位为谢梯青校长及谢鲁珍夫子，“均系举人，经史子集各有专门”[①]。这里的谢梯青校长应该是指谢宝书，字佩青。我曾到此学校遗址处一游，学校面积实在不大，几分钟便能绕行一圈，真是难以想象当年的学习景况。

4. 从余姚到宁波

离开余姚城区后，姚江向东流至丈亭三江口处，再作分流。主道向东南方向流，过河姆渡、大西坝、青林渡等地，与奉化江汇合，后称甬江。

大西坝相当于浙东运河姚江段的东部节点，过坝之后，运河船只可以通过大西坝河向南入西塘河，进入内河段，接着向东航行至宁波城西望京门（今宁波市海曙区），可以理解为这里是与浙东运河主道平行的一条复线。西塘河是已经废弃的广德湖的北岸，广德湖在废弃之前，同样起着补充运河水源的作用。[②]

沿大西坝向东约十公里，便到了甬上望族万氏的白云庄，万斯同也曾居于此处。此庄建于明末，原为万氏的家祠与墓地，后为近代重修，尚留有万斯选等人之墓，以及石牌坊与神道碑。黄宗羲曾于此地讲学，故对浙东学派感兴趣的人来说，仍可一游。接着折向南行两公里左右，在南都宾馆旁，可一访全祖望之墓。全氏墓园于 1958 年被拆毁，20 世纪 80 年代重

---

① 沈宗翰：《沈宗翰自述》，黄山书社，2011，第 37-41 页。

② 邹逸麟：《广德湖考》，《中国历史地理论丛》1985 年第 2 期，第 208-219 页。

修，之后又曾进一步修复，今天尚可观其遗韵。

全祖望墓

全祖望像

不过就白云庄所设的展览来看，更侧重的还是宁波自身的学术传统，包括北宋王安石任鄞县知县时，请到当地的五位儒家学者（杨适、杜醇、楼郁、王致、王说）讲学经史，开浙东风气之先，此五人也就是所谓的“庆历五先生”；以及南宋时期，以发扬象山之学而闻名的“甬上四先生”（杨简、袁燮、舒璘、沈焕）。这四位又与前面提到的同为陆学之后的孙应时交往密切。沈焕去世之后，孙应时曾作诗哭送，“百年知己泪，洒尽欲何言”[①]。可见心学一脉在浙东确实有着深厚的基础。

宁波素称“三江六塘”，如以运河主道为界，以西三塘（自北而南为西塘、中塘、南塘），以东又三塘（后塘、中塘、前塘），最终都汇入三江。南塘在唐朝修它山堰后形成，其余五塘都是在北宋年间建成。

---

① 参阅，范立舟、於剑山：《南宋“甬上四先生”研究》，人民出版社，2014，第 170–174 页。

由浙东运河以及三江六塘所构成的水运网络，对宁绍平原的社会经济发展起到了基础性的支持作用。曾任明州太守的范成大作诗《浙东舟中》云：“鱼盐临水市，烟火隔江村”，很形象地说明了宁绍地区沿水而聚居的乡镇生活。放而大之，江南地区历史上的经济繁荣也依赖于这地理之利。伊懋可曾经判断说：“要维持商业化的农业经济，要维持城市与城市以及城市与乡村之间必不可少的联系，在很大程度上要依靠、维护水路航线。”①

似乎需要特别指出的是，三江由于通海，受潮汐影响，虽然是主道干线，但对区域内的各乡镇居民而言，与浙东运河相联但又有一定独立性的塘、河，是对日常生活更有帮助的水道。

历史上，姚江经抵之处设了不少渡口，供人货运输之用，如今多数已经完全不存，如宁波城里的桃花渡、盐仓渡等。保留尚好的要数位于今宁波市江北区庄桥街道的青林渡与李碶渡。两个渡口之间也就隔着两三公里路程，今天在两渡间已经新修了双古渡公园，供当地居民步行健身。

青林渡历史悠久，始建于北宋年间，当年是姚江上的要地。李碶渡则建于清代。来到公园，还能找到渡口的纪念碑与铜雕，但介绍相当简略，几近于无，如非对此有了解的人，恐怕会一闪而过。

李碶渡对面则是建于咸丰年间的都神殿。都神殿供奉五都神，是宁波当地的地方信仰，起自明清时期，供当地百姓祭祀巡游、保佑平安之用，在今天的舟山、镇海等地也保留着类似的都神殿。不过关于五都神的具体内涵，不同地方似又有差异。神殿另设戏台，在祭祀之余为百姓上演“都神戏”。围绕着神殿，自然也有摊贩兜售百货，形成了天然的市集。

---

① 施坚雅主编《中华帝国晚期的城市》，中华书局，2000，第535页。

在主道之外，支线则直接向东，在慈城再分两路，一路往东经化子闸连中大河，过长石桥、骆驼桥、贵泗桥，向南流至大寺堰，再折往东到镇海入海。另一路则往南进入刹子港（官山河），与运河合流。

化子闸为南宋宝祐年间制置使吴潜所修，位于今宁波市江北区与镇海区之间，离老慈城县城十余公里。1959 年老闸被拆，并在西侧建立新的化子闸泵站，后又拆除重建。旁边有不少古迹值得一走，如始建于唐代，并以其保存完好的宋代大殿而闻名的保国寺，以及曾经长期作为慈溪县治所在地的慈城古镇。在旧化子闸边上，有一化子庵，相传为当地百姓纪念吴潜建闸事迹所修，今天所能看到的是民国时期重修的新庙，已改名为安乐寺。

据顾祖禹《读史方舆纪要》，慈城县东南十五里为茅洲闸，又东南七里才是化纸闸（化子闸），如此说来，两闸似乎并不是同一处。但据《宁波府重修茅洲闸记》，大约茅洲闸先有，只是在宋之前便已废弃，至南宋吴潜才重新建闸。此后，元明清三代，此闸不断重建，建闸地点也有所变化。因此两闸的地点虽然相隔七里，却可以视为是前后相继的同一建筑。

今日安乐寺

运河主道继续往东，与奉化江在宁波三江口汇合后，称甬江，并从镇海入海。大约而言，随着运河往东流，南北各处的河流与运河或合或分，合则入海，分则形成相对独立的内河段，作居民运输和灌溉之用。

奉化江源自奉化溪口旁的董家彦，由西南向东北流入甬江，一路上也有不少重要的历史古迹。如果只计水利方面，最负胜名的当然要数被称为中国古代四大水利工程之一的它山堰了。

它山堰是在唐太和年间由鄮县县令王元暐首建，据今天的研究，堰长为 113.7 米，堰宽 2—4 米不等。在建造上，它山堰有其独到合理之处，一是堰本身有 5° 的倾斜角，增强了抗滑能力；二是堰体中间厚，两边薄，可以减少河道两岸的冲刷。[①] 这些符合现代工程思想的做法，显然来自当时实践者的经验所得。

历史上，浙东运河在姚江以东部分为潮汐河，涨潮时海水倒灌入河，变为咸水，无法进行灌溉。此堰的主要作用便是分流一条与奉化江平行的淡水河流（南塘河），供居民使用。王元暐又在下游设三碶（碶），即上水碶、下水碶、石碶，接着再疏浚宁波城内的日、月二湖。唐与北宋时期，它山堰与广德湖共同供应了沿河及宁波城内的居民用水。魏岘在《四明它山水利备览》中云："流贯诸港，灌溉七乡田数千顷。天之旱潦，有不可必，此水岁可恃以为常，田事仰之，实为霖雨。"

① 沈之良、陈万丰：《再谈我国水利史上的奇迹——有关唐代它山堰的千古之谜》，《科技导报》1992 年第 4 期，第 48-51 页。

今日它山堰

它山堰文保标识

它山堰在宋代有过多次重修，才有现在的规模。制置使吴潜在它山堰东 500 米处修建了洪水湾石塘，作为附属工程。为了解决泥沙淤积问题，南宋淳祐二年（1242），魏岘在堰的上头设置了回沙闸，用于淘沙清淤。

它山堰的建成，王元暐厥功至伟，唐时僧人元亮作诗赞：“太和中有王侯令，清优为官立民政……灌溉民田万顷余，此谓齐天功不毁。”2015 年，它山堰被列入世界灌溉工程遗产。

进入今天的它山堰村，穿过中心广场，很快便能到达它山堰。此堰正好位于它山边上的河流转弯处，从表面看，构造相当简单，就好像是一道横陈于河中间的石条墙，堰底则是以木桩为基础。在枯水期，可以直接过堰，走到河对面，仿佛是座石桥。堰下的河水平静无争，这与在都江堰上看到的那种浩荡江水为堰坝所分的壮观景象完全不同。

此堰造福了自鄞江到宁波的沿河百姓，直到今天仍在发挥部分作用。魏岘有诗云：“一堰限溪江，七乡利耕稼。”堰旁有庙宇纪念建堰事迹，南宋乾道年间受敕赐名为遗德庙，后追封王元暐为善政侯（不过据魏岘所记，唐时已封王元暐为善政侯，只是元封文字不存，宝庆年间再封）。清嘉庆十年（1805），又加封王元暐为孚惠王。1942年，此庙毁于兵火，1948年重建，20世纪90年代又作了一次较大的重修，成为目前的样貌。主殿上方匾书四字：远绩禹功。进入主殿，所供奉的主神便是王元暐。围绕着此庙，以祭奠王元暐为核心，也形成了固定的它山庙会。[①]

5. 余话

从湘湖到鉴湖、夏盖湖，以及浙东古运河的兴衰，我们似乎见证了历史的变迁。由汉而始，并在唐宋时期走向鼎盛的水利开拓工程，包括规模庞大的人工湖、浙东运河、各种堤堰等，再加上历史上的数次北人南迁，浙东逐渐从一个湖泽密布、人口稀少的落后地区，转变为“地狭人稠”之所。明清时期，社会的努力目标似乎在于维护历史上已经形成的生活关系，在新的建设上着力不多。令人印象深刻的只有嘉靖年间绍兴知府汤绍恩修建三江闸，以及略有争议的成化年间绍兴知府戴琥开通碛堰山，令浦阳江改道二事。这似乎说明浙东地区的开发已趋成熟，或者说其潜力已经挖尽。

关于这一历史现象，自然可以有不同解释。如陈桥驿教授认为这说明了封建社会的兴起—鼎盛—衰落。伊懋可则将此理解为中国到达了一个历史时刻，即“如果不求助于某种外来的现代科学，陈旧的技术内部进一步

① 李广志：《它山庙会及其民间信仰》，《商丘职业技术学院学报》2011年第10卷第3期。

改善的潜力实际上已经消耗殆尽”。[1]

李伯重曾撰文批评伊懋可的“14世纪的转折点”问题。他从农业技术与农民经营方式等角度论证，在明清时期，江南农业仍然处于发展当中，其变化趋势与唐宋、元明时期并无太大区别，只是“长期发展过程中的一个中间性阶段而已”。[2]

从浙东的历史进程来看，唐宋时期可谓锐意进取，大开大合，奠定了后一千年的基础设施。如以大运河为样板，可以说唐宋时期在社会经济层面上将中国的南北方凝结到了一起。到了明清时代，则转入内在的精耕细作，并形成乡镇一级的商品贸易网络。也可以说，明清时期更多的是作区域内的联结与发展，造就了更多的地方城市，其繁华和文化的细腻程度是唐宋不能至的。关于此一变化，到底是“转折”，还是方向并未变化的进一步深入阶段，真可说仁者见仁了。

就今天而言，通过20世纪90年代以来的拓宽河道、桥梁改造等一系列工程，浙东运河的通航性能大为提升，全线可以通过500吨级的货船，且有不少改建工程还在实施之中。不过一路寻访运河古迹，还依稀可以想象当年水路运输条件的艰巨。直到20世纪70至80年代，想将一船货从余姚运至杭州，尽管不过百公里的路程，至少也需两天时间。我的父亲长年在航运公司工作，常常提及航运工人的工作与生活之辛苦，但直到我自己去实地探访，才对此有了较切实的体会。宋明以来，浙东地区便算得上是中国的富庶之地，却依然可以说民生多艰。

---

① 伊懋可：《大象的退却》，江苏人民出版社，2014，第479页。
② 李伯重：《多视角看江南经济史》，商务印书馆，2022，第39-110页。

尽管宁波是我的故乡，但我对它的认识一直都没有超越书本知识。在“浙东之路”上行走的时间越长，我便越来越认同生活在这片土地上的祖辈们及他们的生活方式。虽然他们中的杰出者成长后总是以各种形式离开家乡，多数再也没有回来，但童年生活所养成的性格与习惯却让我对他们平添了几分亲切感。给我印象最深的，莫过于《传习录》，当中王阳明与学生的许多对话显然是以方言形式展开，并被完整地记录了下来，今天读来仍毫无隔阂。

当然，这是一种不断衰落并似乎被逐渐替代的生活方式，但它的魅力也正在于此。

第三章

站在王阳明墓前

我是余姚人，从小到大无可避免地受到王阳明（字守仁）的影响。读的小学叫阳明小学，初中叫阳明中学，每天上下学，必经过阳明路。就连去城里的龙泉山公园游玩，也必然经过半山上的四先贤碑，当中自然挂着王阳明的大名。但我从来没有想过，王阳明的思想到底是什么。

或许是出于对先贤的仰慕，读大学之后，看到书店里有关阳明学研究的新著，总是会买来浏览一番，陆陆续续也收集了不少。尽管如此，我对王阳明的思想仍然相当模糊，所谓“知行合一”，听来相当激昂，可到底是什么意思呢？所谓“致良知”，又高明在何处？

更令人费解的是，王阳明的大名不仅停留在儒家思想圈内部，而且广泛传播于海内外，据言曾对明治维新产生深远影响，近几十年来更为政商界所推崇，各种奇奇怪怪的励志书出了一本又一本，在机场书店总是能见到。阳明心学又是如何能与近代日本追求西方科技文化搭上关系的？

总而言之，王阳明对我是一个很奇怪的存在，似乎一直在我身边，但我从没有想过要仔细去理解他和他的观点，直到行走在浙东“唐诗之路”上。

从萧山一路往东，经过古纤道之后，下一个景点便是柯岩风景区。游完柯岩之后，我继续向东游荡，用导航搜索附近景点时不经意发现，往南行走约 20 公里便是王阳明之墓。当时已是下午，如果去的话，便无法当天离开柯桥了。考虑一番之后，我只得继续沿着原路线而行。

只是，王阳明之墓已经烙在我的心头，好像不去看一下，便觉得“浙东之路”是不完整的，好像有什么东西在等着我去探访。大概一个多月后，我趁着出差南方期间，又一次来到绍兴，这次是开车直奔王阳明之墓，以弥补上次之憾。

柯岩造像

去王阳明墓地之前，我已经大致了解了一下墓地的情况，但到了现场，我才有了较为切实的感受。别的不说，光是墓园占地之大，便远远超出了我的想象。

王阳明之墓位于绍兴市柯桥区兰亭街道花街村仙暇山麓上，首建于王阳明过世后的嘉靖八年（1529），后几次重修，在“文革”中彻底被毁，片瓦无存。1986年，日本九州大学的冈田武彦教授率团访问中国，探访王阳明和明末朱子学者的遗迹。他们来到阳明墓后，见到此种景象，“情不自禁地流下眼泪”[①]。

1987年11月，冈田武彦与福田殖、菰田正郎等人共同发起了修复王阳明墓碑的委托计划，在全日本募捐，共集得300多万日元的捐款。随

① 冈田武彦：《王阳明纪行》，浙江人民出版社，2022，第40页。

后，他们又通过浙江省社会科学院将这笔捐款交给了绍兴县人民政府。现在所看到的阳明墓，便是经由此次募资而重建的。

王阳明墓牌坊

重修阳明墓记

阳明墓

而今天看到的阳明园，则是在 2015 年启动的又一政府工程，据说占地达 580 亩，投资 1.5 亿元，修建了广场、朝圣道等区域，看来旨在为阳明学爱好者提供一个“朝圣”之地。只是偌大的墓地，却只有我一个人游逛，真不知建园所为何来。更何况，这种花哨的场面，也不合阳明的旨趣。

就王阳明本人而言，他虽然因军功被封为新建伯，一生却谈不上官运亨通。他的性格可谓耿直，《明史》便云：“王阳明始以直节著。”武宗继位之初，朝廷内争，宦官刘瑾当权，引得以户部尚书韩文为代表的大臣上书弹劾，却被武宗纷纷罢黜。当中，作为兵部主事的王阳明也上书“伏愿陛下追收前旨”，终被锦衣卫逮捕入狱，再被贬至龙场。1510年，王阳明才因平叛之功到庐陵担任知县，已经虚年39岁。回到京师后不久，他又看不惯武帝所为，上疏自陈三大罪，被调为南京太仆寺少卿，离开京师，此后终生未再回朝，可说是官场失意。今天的官吏如果学王阳明，恐怕连县长的位子也坐不长久。

王阳明的事业主要在于军功，如《明史》言，“终明之世，文臣用兵制胜，未有如守仁者也。”具体而言有三，一是1517年，他以左佥都御史的身份在江西平定民乱。二是1519年，他仅以35天时间，便平定宁王朱宸濠的叛乱。三则是他在晚年以左都御史的身份，平定广西思恩、田州之乱。

所谓江西民乱，主要是在几省交界处，流民啸聚而建立的地方武装势力作乱。先前官军征讨不下的原因主要在于各地都觉得此事非他们所管，不值得全力出兵，当然还有地理之险的因素。王阳明调四省之兵，各个击破，军功固然有之，但对手只能算是流寇，很难说有什么真正实力。后来的思田之乱，情况也是类似。

宁王朱宸濠的情况有所不同。他的起兵蓄谋已久，据称拥兵十八万，势力浩大。但实际上，他的军事力量和号召力也相当一般。正德十四年（1519）七月二日，宁王亲自率兵攻打安庆，苦战旬日，却未攻下安庆。王阳明集结好军队后，在十九日攻打宁王的老巢南昌，一日便破城。宁王只得回救。两军在鄱阳湖大战，宁王一战而败，全军覆没，本人也被俘获。浩浩荡荡地起兵，却没有攻下一个重要城池便告失败，朱宸濠的军事水准可见一斑。[①]

不过，王阳明虽然在平定宁王叛乱一役立下大功，却一直未受封赏。直到嘉靖皇帝即位，才升阳明为南京兵部尚书。此职官品很高，是正二品，但毕竟要去“副都”上班，属于闲职。其中原因，在于王阳明将平叛之功尽归于兵部尚书王琼，令当时的首辅杨廷和不满，遂阻挠其入京。

当然对王阳明来说，最大的打击则是，和他一起平乱的同事们几乎都被明升实降，他的门生冀元亨更是被诬为宁王同党而入狱受刑。这显然令王阳明相当沮丧，故不赴南京就任，上书乞请便道归省，并最终获准。当朝廷给予他封爵时，他又两次上疏求“辞封爵普恩赏”，两篇文章的言辞都相当激烈。在第二篇疏文《再辞封爵普恩赏以彰国典疏》中，他言道，“今臣独崇爵，而此同事诸人者乃或赏或否，或不行其赏而削其绩，或赏未及播而罚已先行，或虚受升职之名而因使退闲，或冒蒙不忠之号而以废斥”[②]，其对赏罚不公的不满已经不能用直率来形容。

最终，王阳明因父过世而丁忧去职后，便一直赋闲在绍兴家中，直到嘉靖六年（1527）才被征召抚平广西思田之乱。此间，他对朝廷官场之事，显然已经相当灰心。最能反映这种心境的，莫过于嘉靖三年（1524）他为方孝孺像作赞时所云：“兹尔来代，为臣不易。”而当时，方孝孺还未被明廷正式平反。

王阳明在为政上其实可以算谨慎，对权力斗争的热情并不是很大，不时在诗文中表露致仕之意。尤其在年轻时因参刘瑾一事而被贬龙场之后，

① 参阅，束景南：《阳明大传》，复旦大学出版社，2020，第 13 章。

② 王阳明：《王阳明全集（卷十四）》，上海古籍出版社，2011，第 507 页。

他极少介入朝廷纷争。在喧嚣近三年的大礼议事件上，也未见到他过多表态。嘉靖钦定大礼议之际，他所写的诗“无端礼乐纷纷议，谁与青天扫宿尘”，也只是表现出了不以为然的态度。

王阳明一生宦海沉浮，最终未能入阁，他的门徒黄绾认为乃是权臣桂萼从中作梗，这观点被后来的诸多学者照抄。束景南教授在著作《阳明大传》中更是为王阳明抱不平，仿佛当朝的大臣们都顾忌王阳明的功高，于是联合起来将他封杀。但究实而论，王阳明性格难驯，缺乏政治才能，确实也不适合入阁为辅佐大臣。

窦德士在讨论嘉靖年间另一位曾担任首辅却下场悲惨的大学士夏言时，精辟地指出首辅首先需要让嘉靖这个“非常明智但易变的掌权者平静下来”，同时“与负责外朝各部和各个机构的高官发展工作关系”[①]，这两点显然都是王阳明所不具备的能力。杨一清评判王阳明，称守仁虽有才，时人以他的学说为异，“不宜入阁，但可用为兵部尚书”[②]，还是基本准确的。

不过对王阳明而言，能够马放南山，回到家乡发展自己的心学理论，也可说是一件幸事。这一段时间，是王阳明讲学的高峰期，所谓“南都以前，朋友从游者虽众，未有如在越之盛也”[③]。如果没有在绍兴扩建新建伯府，并借重修的稽山书院，在长达数年的时间里与门生故吏讲学唱酬，王阳明或许便不会有最终的“天泉证道”，“阳明学”在明代后期的影响力恐怕也要打不少折扣。

---

① 窦德士：《嘉靖帝的四季》，九州出版社，2021，第 144 页。

② 王阳明：《王阳明全集（卷三十八）》，上海古籍出版社，2011，第 1576 页。

③ 王阳明：《王阳明全集（卷三）》，上海古籍出版社，2011，第 134 页。

1. 知行合一

在王阳明的诸多观念中，最为当代人熟知的莫过于“知行合一”。这一论述在语言上的精巧和简洁，以及对将“知”诉诸“行”的潜在号召，对近代以来的中国人产生了巨大影响。

“知而不行，只是未知”，在这里，王阳明所定义的“知”显然不是现代意义上的知识，而是包括了对事的认识、对物的理解等范围。他举例说，“见好色属知，好好色属行，只见那好色时已自好了，不是见了后又立个心去好。”[①] 这里的“见好色属知”容易理解，而“好好色属行”，也就是说喜欢等情感也属于“行”。“行”不仅仅指实践，而且包括了思维之动。

王阳明进一步解释说，“知寒，必已自寒了；知饥，必已自饥了：知行如何分得开？”这里指的已经并非一般理解上的“知行合一”，而是指人的感知受制于外在因素对身体的影响。

“知行合一”论的独特之处在于，强调“行”。他批评说，有些人认为“我如今且去做讲习讨论做知的工夫，待知得真了方去做行的工夫，故遂终身不行，亦遂终身不知”[②]。他的观点正是针对今人“以为必先知了然后能行”而提出，当然也是对朱熹“知先行后”的批评。

在《答顾东桥书》中，王阳明又诠释道，“必有欲行之心，然后知路。欲行之心即是意，即是行之始矣。路岐之险夷必待身亲履历而后知，岂有

① 王阳明：《王阳明全集（卷一）》，上海古籍出版社，2011，第 4 页。
② 同上书，第 5 页。

不待身亲履历而已先知路岐之险夷者邪？……知之真切笃实处，即是行；行之明觉精察处，即是知。”①

就王阳明所举的例子，我们当然可以反驳说，要知路岐之险夷，可以看路书，可以查地图，可以用计算机导航，为何一定要“身亲履历”？就人类的一般学习经验来说，通常也是一个从“知”（抽象学习）到“行”（实践）再到进一步的“知”（对抽象知识与“身亲履历”进行总结，上升为一个更高阶段的“知”）的过程，这也是他的学生总认为“知”“行”是两件事，以及顾东桥认为“工夫次第不能无先后之差，如知食乃食，知汤乃饮，知衣乃服，知路乃行”的原因。

当然，王阳明不是从经验角度得出“知行合一”的，而是从“龙场之悟”，也就是“心即理”的本体论角度阐发此原则。他所称的“知”，其实主要是指道德之知。所谓“龙场之悟”，他本人言之不详，过程也颇为神秘。依钱德洪的记载，其主要观点为“圣人之道，吾性自足，向之求理于事物者悟也”，也就是心外无物，心外无理。束景南则认为，这是一个心学的本体工夫论之悟，“在本体论上讲‘心物合一’，在工夫论上讲‘知行合一’”。②

王阳明自己的说法是“知是心之本体，心自然会知”，然而常人往往被私意障碍，“所以须用致知格物之功”，要借“行”以去蔽，而打开心之良知。他提出“我今说个知行合一，正要人晓得一念发动处，便即是行了”，简言之，“意是行之始”。也就是说，“私欲”会隔断知与行，造成“未

---

① 王阳明：《王阳明全集（卷二）》，上海古籍出版社，2011，第 46-47 页。
② 束景南：《阳明大传》，复旦大学出版社，2020，第 429 页。

知”。因此，要通过“诚意”来打通知与行，恢复“良知”。大致而言，“知行合一”在王阳明这里便是一个人通往圣贤的基本路径。正心、诚意、致知、格物，本体与工夫合二为一，被私欲遮蔽的“良知”也就此复苏。

杜维明在其早年的著作中，认为存在一个知与行的统一体，这个统一体便是“知和行的本体，它在立志改造和完善自己的抉择过程中显示出来”。[①]这与冈田武彦的观点基本一致，后者认为这个本体便是“良知”。[②]不过这样的说法其实未必准确，王阳明在提出“知行合一”的观点时，对“良知”应该还没有足够清晰的认识。而且正如耿宁所指出的，王阳明在“知行合一”中所提到的本体，很多时候是指本质、本来，而未必是一个实体。[③]在回答徐爱关于有人知孝却不行孝的疑问时，他说“此已被私欲隔断，不是知行的本体了”，用“本质”或“本来”解释这个本体显然是更合理的。

郑宗义教授认为，王阳明的知行合一是“道德的知与其他的知所共有的知识结构（所谓知识结构，即使知识得以成立的条件）”。[④]王阳明的原意为知行本一，只是被私欲隔断为“二”了而已。

这一观点对解释早期王阳明的思想或许还算适用，但王阳明在江右之后明确地认为“致知”便是“致良知”，也就是致（扩充）道德之知。对王阳明来说，“圣人无所不知，只是知个天理”，而对于其他的具体之知，

---

① 杜维明：《青年王阳明：行动中的儒家思想》，三联书店，2013，第 212 页。

② 参阅，冈田武彦：《王阳明与明末儒学》，重庆出版社，2016，第 2 章。

③ 耿宁：《人生第一等事：王阳明及其后学论“良知”》，商务印书馆，2014，第 277 页。

④ 郑宗义：《再论王阳明的知行合一》，《学术月刊》2018 年第 8 期。

他的态度是“但不必知的自不消去知，其所当知的圣人自能问人”。在这里，王阳明显然区分了两种知识的意义，道德之知是由“心”所能察知的天理，具体之知则是借助心中之天理来判断当知还是不当知。当知的自然可去问人，不当知的便不去知。将王阳明的“知行合一”扩充为一切知识得以成立的条件，并没有太充足的理由。

岛田虔次指出，这一“龙场之悟”是中国精神史上的划时代事件。他认为，王阳明所主张的心外无理，以及人人皆可为圣贤，令圣学成为人的自觉之学，是对人性的弘扬，并令农工商贾等市民也在“良知”之下拥有平等的地位，而这些正与西方的现代性思想相切合。①

这种论调的主要问题在于，王阳明的思想是寄托于当时的具体社会氛围而产生。他确实认为人人皆可由着自己的才性走向圣贤，但这不代表他的思想中能够发展出近代西方意义上的人人平等。而所谓“龙场之悟”在中国精神史的意义，到底又在哪里？如果说对明代中后期思想产生了深入影响，倒也勉强可以一提；如果指的是改变了中国思想在之后五百年的走向，那显然是一个并不真实的命题。

杨国荣认为，王阳明的知行合一并进的过程，是知（本然的天赋之知）—行—知（自觉意识到的天赋之知）的上升过程。② 其理由是，王阳明区分了“知”与“致知”，“知如何而为温凊之节，知如何而为奉养之宜者，所谓知也，而未可谓之致知”。因此，知道抽象的道理是“知”，或者说“粗知”，而实践之后，才可以称之为“致知”。

---

① 岛田虔次：《中国近代思维的挫折》，江苏人民出版社，2005，第1章。

② 参阅，杨国荣：《王学通论》，华东师范大学出版社，2021，第79-85页。

但如果根据晚年王阳明的“大学问”来看，他认为“意念之所发，吾之良知既知其为不善矣”，也就是说，良知一开始便能分辨善恶。而如果明知其为不善却行之，就是“以恶为善，而昧其知恶之良知矣”。最后，王阳明得出结论说，这种行为“虽曰知之，犹不知也”。[①]显然在这里，王阳明还是认为，“行”的作用是去除物欲之蔽，而将良知显现出来，他并没有认为良知存在从“本然”到“自觉意识”的变化过程。

这里的关键或许在于，一旦王阳明将“知”与“致知”理解为“本然”之知与“自觉”之知，便是变相地承认了“知先行后”，那么他与朱熹的观点又有什么差别呢？

如果以现代学术的一致性标准来看，王阳明的观点颇多前后冲突之处。这一方面是由于王阳明本人的思想从“龙场之悟”到晚年的“天泉证道”，处于不断变化之中，时有昨日之是成今日之非之处。另一方面，他本来也不是以知识考据、构建纯粹学术体系为己任之人。

由于王阳明的观点主要通过语录和书信问答的形式表达，其所举例子往往是为了点化提问的学生，并不关心精确性和前后逻辑的一致性，因此我们不必也不需对其思想作过多概念上的精细分析（在这方面，他的表达是粗疏的），只要了解其宗旨大意即可。谈到知行合一时，他自己便说：“今若知得宗旨时，即说两个亦不妨，亦只是一个。”这种“说二亦是一”的语言风格，颇带有禅宗的机锋。

王阳明的“知行合一”论，与其说是“解决”了中国思想传统上争议

① 王阳明：《王阳明全集（卷二十六）》，上海古籍出版社，2011，第1070页。

颇多的“知行”问题，倒不如说是“搁置”了这个问题，转而引入了一个新的视角。

2. 致良知

王阳明所指的良知，便是孟子所谓的是非之心，“不虑而知者，其良知也”。这良知当然是不同于理性思考（虑）的“德性之知”，是放之四海而皆准的，是人之为人的基本准则，颇类似于托马斯·潘恩所说的“Common Sense”（共感）。

据钱德洪记载，王阳明要到50岁时，才“始揭致良知之教”。[①] 钱又记王阳明所言：“吾‘良知’二字，自龙场已后，便已不出此意，只是点此二字不出。”[②]

正如有关王阳明的许多其他说法一样，这一点并不是很可信。王阳明在龙场之悟所提出的“知行合一”里，“知”的定义显然要更模糊一些。当他在解释“知行合一”时，也更多的是从认识论的角度出发，“闻恶臭属知，恶恶臭属行……知行如何分得开”。如果在当时，他已经将“致知”训为“致良知”，恐怕就不会举这个例子了。

忽滑谷快天认为，王阳明的良知无非是“禅的自性清净心、程子的天理以及象山的本心改头换面而来”[③]，并没有太多新鲜之处。黄宗羲在《明

---

① 王阳明：《王阳明全集（卷三十四）》，上海古籍出版社，2011，第1411页。
② 王阳明：《王阳明全集（卷四十一）》，上海古籍出版社，2011，第1747页。
③ 忽滑谷快天：《王阳明与禅学》，李庆保译，时代文艺出版社，2018，第151页。

儒学案》中则认为“（良知）即是未发之中，此知之前更无未发；良知即是中节之和，此知之后更无已发。此知自能收敛，不须更主于收敛；此知自能发散，不须更期于发散”。[①] 这基本上是遵循了王阳明的说法。

王阳明在《答陆原静书》中说：“‘未发之中’即良知也，无前后内外而浑然一体也。”[②] 这个形而上的说法是以“中庸”来解释良知，他将“未发”和“已发”两个概念融为一体，主要目的是对朱熹思想进行另一层面的批驳。[③] 但就他对良知的基本定义而言，就是“分善别恶”之心，并不复杂，也就是今日大众仍然会讲的“良心”。

王阳明的良知观的独特之处在于，他把“良知”当作“天理”，也就是心之本体。正如罗钦顺所指出的，“孟子何尝指良知为天理耶！是诬孟子也！”[④] 以良知为天理，是王阳明自己的创造性发挥，也是对朱熹“心之本体是天理”的发展，将“理学”正式改造为“心学”。

就王阳明思想的内在脉络而言，致良知可以说是他生平思想的总结，是对原有知行合一学说的改良，也可以说标志着阳明心学的成熟。

王阳明为了论证知行合一，作过不少补充解释，但仍然存在概念上的冲突。比如他认为“一念发动处，便是行了”，将“意”当作一种“行”来处理。可在《答顾东桥书》中，他又说“欲食之心即是意，即是行之始矣”，[⑤] 而这里的“意”，是被纳入“知”的。为了将分作两事的“知”与

---

① 黄宗羲：《明儒学案》，中华书局，2008，第 180 页。
② 王阳明：《王阳明全集（卷二）》，上海古籍出版社，2011，第 72 页。
③ 参阅，荒木见悟：《阳明学的位相》，江苏人民出版社，2022，第 9 章。
④ 罗钦顺：《困知记》，中华书局，1990，第 153 页。
⑤ 同②书，第 47 页。

“行”合在一起，王阳明不得不对其他概念进行分类整理，不时给人一种左支右绌之感，从逻辑体系构造而言，很难说是成功的。

耿宁认为，王阳明的“良知”概念在早期和晚期有所变化，早期的“良知”主要指的是“善的能力”，而到了晚期，则转变为对“意念”的道德属性的内在判断，也就是“知善知恶”。[①]这一说法是有道理的，早期王阳明在概念的定义上相对模糊，到了晚期，他明确地将“意”与“知”进行分离，“意”是有善有恶，“知”是知善知恶。“知”的定义被狭窄化为对“意”的判断。

从王阳明晚年的“四句教”来看，心之体是无善无恶的，意之动是有善有恶的，所以诚意是根本，以打通知与行之间的可能隔阂。良知的定义是知善知恶，也就是“德性之知”；格物则是为善去恶，也就是“行”。因此，在“四句教”中，知行合一便是致知格物。“致良知”，说到底是王阳明将自己早年的知行合一观与儒家经典相融汇的结果，是升级版的“知行合一”，同时也是一个更为完整的思想体系，比较妥善地处理了心、意、知、物之间的关系。

王阳明的学生欧阳崇曾专门提问道，见闻之知不也是良知之用吗？“若致其良知而求之见闻，似亦知行合一之功夫！”王阳明的回答是：“若曰致其良知而求之见闻，则语意之间未免为二。”[②]致良知是学问大头脑，只要目标是致良知，则闻见自然是“致良知之功”，也自然是知行合一，不必分为两说。

---

① 耿宁：《心的现象》，商务印书馆，2012，第167-187页。

② 王阳明：《王阳明全集（卷二）》，上海古籍出版社，2011，第81页。

王阳明所认定的“良知”，是普遍之理，也就是说，每个人的内心深处都有同样的天理。就这一点而言，王阳明仍然遵循儒家的基本观念。但他对普遍规范的认同又显然是持开放态度的，由人心而不是圣人或代圣人立言的“道理”来评判。其中当然蕴含着具体规范可以随着时势变迁而改变的主张，这也是对钦定理学的公然反抗。

不过，是否可以由此推断这便是一种类似于欧洲近代思想的主张，甚至说阳明心学是儒家思想的极限，“超越阳明心学，儒家思想在本质上就已经不再是儒家思想了”？[①] 这是颇令人怀疑的。就中国传统思想资源而言，也存在直接主张经世实用，并远比阳明心学走得更远的观点。最典型莫过于王安石的新学，所谓“天变不足畏，祖宗不足法，人言不足恤”。没有理由认为阳明心学已经走到了儒家的边界，如果说其是理学一脉的边界，倒还更精准一些。

王阳明或者说传统主流儒家对人性持如此的乐观主义，可能是经历过20世纪诸多浩劫的现代人所难以理解的。不过从另一角度看，如果我们不相信人与人之间可以分享共同之“理”，社会自然也就分崩瓦解，不复存在。

至于对王阳明良知学说的批判，无非来自两个方面，一是对其先天学说的批评，认为良知并非先天存在，而是后天养成。二是指出良知并非人人皆有，也许有人天生便没有良知。[②]

从现代认知科学与发展心理学的角度来看，人的道德形成当然兼具先天与后天这两个部分。人的大脑具备接受道德原则的生理结构，否则道德

① 岛田虔次：《中国近代思维的挫折》，江苏人民出版社，2005，序。

② 参阅，陈来：《有无之境》，北京大学出版社，2013，第176页。

观无以形成，而具体道德的形成则依赖于个体所在社会情境的培养。个体在大脑结构方面的差异，当然也会影响道德观的形成。在极个别人身上，可能先天便无法拥有社会认可的道德观。或者有些个体能够认识到社会中的道德实践与原则，却由于生理结构的特点，无法将这种道德原则转化为自己的行为。从科学角度来分析，王阳明的“心理”假定是站不住脚的。在这方面，程朱的观点倒更接近现代科学思想一些。

当然对现代人而言，王阳明（包括其他传统思想家）思想的形而上部分其实并不很重要，因为现代人的思维方式已经高度理性化，不会再纠缠于“理”还是“气”的问题，也很难再体认古人讨论这些问题时的心境。这些形而上部分除了思想史的讨论价值之外，已经很少再能进入现代人的心灵。

而今人所仍然能体会的，是古代思想家借助这套形而上体系所推导出的实践原则，如“知行合一”“致良知”。这就好比说，传统中医所建构和依赖的基本原理，如“阴阳”“五行”“四时”，其实已经被人们抛之脑后，但中医通过几千年具体实践而形成的经验性法则，却仍然有旺盛的生命力。

唐君毅在探讨王阳明的良知观时特别提出，中国文化之传统，以德性之知为本。但现代科学则是分门别类，“今日之科学之知识技术，若无德性之知为之主宰，亦未尝不可皆用之以杀人，而不足以美善人生”。因此科学知识的独立性，应该是相对地“独立于传统德性之知或良知之外”，而不是绝对的。[①] 而我们要做的工作正是进一步发展德性之知，以“摄入科学知识之一支，亦须使此科学知识之一支，再综合于传统之精神之中，

① 参阅，唐君毅：《中国哲学原论·导论篇》，九州出版社，2021，第 10 章。

以合为一更新之中国文化及中国思想之发展”。

这一论断当然是有道理的，甚至可以说，唐君毅已经清楚地点出了当代通识教育的真正目标。如果通识教育只是将不同学科汇总起来，供学生浅尝，其意义实在不大，倒不如让学生自己选几门课、读几本教材。而寻找可以统摄当前学科的方法，令学习者既对学科有相当的了解，又可以跳出学科之外，从更广阔的视角理解学科的社会意义，不失为一条通识教育之路。

不过具体到王阳明的观点，现代意义上的知识不可能像他所想象的那样，只要有“心中之理”，便可自然地对具体知识进行裁定。现代科学技术的核心正在于它的“相对独立性”，如果没有对具体门类知识结构内部的把握，德性之知又如何发挥作用？或者说，是否存在对所有具体之知都适用的“良知”，还是说“良知”会在不同的学科内部分化成不同的德性之知？诸如经济学有经济学的“良知”，社会学有社会学的“良知”。而如果是后者，不同学科的“良知”之间又是否互通以及如何实现互通呢？

3. 阳明学的兴起

明代官学，只重程朱理学，但明儒的学问，却主要在反朱子学的一面。如余英时所说，“明代主要思想家中，前如陈献章，后如刘宗周，皆于读书穷理之说持怀疑的态度”[①]，这一点是相当值得玩味的。这当然是对

① 余英时：《中国思想传统的现代诠释》，江苏人民出版社，2003，第140页。

“天下是朱非陆，论定既久”的一种反弹。但更多的，或许还是对明代正统思想独尊朱熹的反抗。

在沟口雄三等日本学者看来，阳明学的登场，恰恰是朱子学向更为广泛阶层扩大和渗透而出现的一种思想现象，是朱子学“民众化”的结果。伊东贵之的判断则是，“对于容受其（指阳明）学说的人来说，寄托着能够从朱子学困境中脱离出来的期待感”[①]。

这里的“民众化”，主要是指朱子思想通过“礼教”而在乡村这一层面上普遍生根。这样的论证当然也很难说不对，不过就阳明及其后学的直接所思而言，他们对程朱理学不满，更多的还是因为程朱之论由于帝王的直接推广而成为明代整体文化精英的评价标准，从而扼杀了其他儒家思想在官方层面的生存空间。

阳明学的兴起，当然与明代社会的变化有关。但对中国士大夫阶层来说，真能对他们的生活和精神状况产生直接影响的，还是社会制度结构的变化，具体有三：一是朱元璋废除宰相制度，君王从此独揽大权，士大夫的地位相比宋朝有了实质性改变。自明代以后，皇权的专制和独裁，先是以制度规章的形式，继而借助科举的规范，渗入士人的心，像基因一样烙入中国人的心灵。

此外，靖难之役后，明成祖朱棣为了在政治层面确保自己的统治合法化，诛杀方孝孺、练子宁等一班建文旧臣，手段残忍，恐怕也是明代士大夫心中不散的阴影。余英时曾经精辟地指出：“明代以来，中国专制传

---

① 参见，伊东贵之：《中国近世的思想典范》，台大出版中心，2015，第 3 章。

统发展到最高峰，儒者不能‘行’其道于外，只有‘藏’其心于内，这是一种无可奈何的遭遇。”[①]这已经清楚点明了王阳明发展其心学理论的思想背景。

不过到了明中期，皇权的专制统治力开始减弱，从正德到万历，皇权与阁权之间的较量竟成为一种常态。皇帝固然拥有至高无上的力量，可以任意诛杀、羞辱大臣，士大夫却以忠义气节为名加以抵抗，颇有以彼之道还之彼身的意味。

明初设廷杖制度，用于惩罚犯错的朝臣。但实际上，被杖之臣并不以为辱，所谓“正人被杖，天下以为至荣，终身被人倾慕”，[②]这恐怕是极力推广理学的明初皇帝所意料不到的后果。

由于官方对程朱理学的推崇，士大夫极重气节，动不动便以死相谏。嘉靖初期的“大礼议”事件中，十六名官员被廷杖而死，这当然是由于专制皇帝的恼羞成怒，但两百余朝臣以死相争，争的却不过是当朝皇帝亲生父母的名分。

有明一代，皇帝与士大夫的关系从未达到过宋朝曾有的和谐程度。一方面，皇权绝对凌驾于阁权之上，拥有独裁权；另一方面，永乐之后的皇帝又绝没有精力和能力亲自专政。天下大事纷繁复杂，皇帝无力一一处理，朝堂又是一公开场合，只能公事公办。要私下操作，就必须通过“中使”，将皇帝的意旨事先透露于首辅大臣，获得共识。反过来，大臣要想得君行道，也必须通过宦官。故如孟森所言，“欲为士大夫任天下事，非

---

① 余英时：《中国思想传统的现代诠释》，江苏人民出版社，2003，第 188 页。

② 孟森：《明史讲义》，江苏人民出版社，2019，第 80 页。

得一阉为内主不能有济。”[①]在这方面，王阳明也不例外，在平定宁王叛乱事件上，如果他没有得到宦官张永的鼎力周旋，结局恐怕要不妙许多。

明代中晚期的党争和所谓的宦官专权，在根源上不过是这套明初所定下的专制制度的副作用。任何专制制度的有效施展，都依赖于一位天纵英明的伟大领袖。开国之君自然都是精力旺盛的控制狂，不但草创了各种制度，所有大臣甚至一般官员也都由他一手提拔甄选，这才可以将自己的意志直接贯彻到基层。二代、三代之后，各项制度已趋成熟，深宫出身的君主再无能力指挥这个庞大的官僚机器。

二是明代改革科举制度，以“道学”取士。尽管元代也部分地实施科举制度，推崇道学，但只有到了明朝，才正式将朱熹的“道学”作为正统意识形态，定为科举的官方标准。永乐帝以武力夺取皇位之后，指示翰林院编写《四书大全》《五经大全》和《性理大全》三部科举考试指定材料。其中《性理大全》是最为“道学”的一部，是明清应举的必读作品。而王阳明所处的时代，正是明清科举体制逐渐成形，八股文的体裁变为规范，琐碎的技术性标准被用来评判科场文章高下的“转型期”。

第三则是明初基于理学思想建立了一系列地方制度，包括粮长和里长制，以及确立田土的鱼鳞图册制等。如包弼德所言，其目的是把基层乡村社会“转化为一个自我督导的地方社会”[②]。

明太祖所确立的种种制度，其意无非是重本抑末，构建一个贵贱有别的等级制社会。一方面是因为天下初治，发展生产为当务之急，另一方面

---

① 孟森：《明史讲义》，江苏人民出版社，2019，第6页。

② 包弼德：《历史上的理学》，浙江大学出版社，2012，第225页。

或许也与他的布衣出身有关。

不过，到了明中期，社会经济随着政治稳定而逐渐复苏，明初所设立的社会制度好比一件尺码过小的衣服，再也无法适应日渐壮大的社会身体。其中最主要的原因，当然还是城市社会生活的繁荣，以及科举制度造就了一个庞大的士人阶层。

纯粹从理论上看，理在心中与理在万物，看似截然相反，但从中所引致的推论，也没有那么大区别。朱熹尽管主张“知先行后”，但他从来不低估行的重要性。实际上，在朱熹的行文中，能找不到不少强调知行并进的表达，如“知之愈明，则行之愈笃；行之愈笃，则知之益明。二者皆不可偏废”之类。更明显的要数“知而未尝为，亦只是未尝知”，这与王阳明的说法几乎没什么区别。如果王阳明真如他自己所说的那样，是因为同代学人多只“知”不“行”，而强调“知行合一”，这显然也不是朱熹学说的问题。

王阳明所试图做的，是在官方正统意识形态之外，建立一套以己为主的儒家理论。阳明在道学之外再开别宗，接续孟子之说，与其说是对程朱思想的不满，不如说是对程朱思想成为官学的不满。

不论是他所编的《朱子晚年定论》，对朱熹“知先行后”“未发已发”“体立而用行”等观念的批判，又或者是他重注《大学》《中庸》古本的尝试，都无非是出于对钦定官学所造成的士风日下之愤慨，而试图由心即理，挽救人心。如吕妙芬指出的，“一方面，程朱学曾是王阳明最认真学习的课题，规范着王阳明学说的重要内涵与进程，程朱致力圣学的精神也是王阳明仰慕学习的榜样；另一方面，程朱学又被王阳明批评为违离圣人之教、不契入道之方，是阳明学说主要欲纠正的内容”。[①]

王阳明及其学生对朱学的明确攻击，起于正德十三年（1518），刊刻《大学古本傍释》，并出版《朱子晚年定论》及《传习录》。这一连串举动当然是经过深思熟虑的，代表着王阳明试图推倒或者说改变朱熹在明代官学的一尊地位，并以自己的观点取代之。

这一尝试确实掀起了不小的风浪，尤其是《朱子晚年定论》，引发了当时不少学者的反驳。但这些批评对他的伤害并不大，王阳明学说的影响力反而借着批评和他自己平定宁王之乱确立的全国性声望而日益隆盛。

对阳明心学的打击主要来自中央朝廷。几年后，即位不久的嘉靖皇帝下诏要求，不依程朱之言的著作不得“私自传刻，以误正学”，在官方层面否定了阳明的思想。

此一打击的直接导火索，在于阳明弟子王艮的两次京城传道。这位以特立独行闻名的奇异人士身着自制的圣人之服，仿圣人之行，“自创蒲轮，招摇道路，将至都下”，令“都人以怪魁目之”。京城中原已对王阳明不满的官僚自然要上书弹劾，引得嘉靖皇帝最终下诏“学禁”。

虽然王艮的行为艺术与阳明心学并无直接关系，但从根本来看，王艮也无非是把王阳明所说的“人胸中各有个圣人”作了一次直观的表演。王艮的言行是对阳明心学在“狂”这一路上的最激进演示，体现出心学内部固有的“反社会秩序”一面。不妨反过来考虑，如果王阳明真认为王艮之言说已离“心学”太远，属于“王学末流”，何不在他于京城如此招摇引

① 吕妙芬：《阳明学人社群》，北京师范大学出版社，2017，第 31 页。

来大祸之后直接将其逐出师门?

实际上，王阳明本人也爱搞些奇装异服，杨一清便曾经评价说，守仁“好服古衣冠”，王艮可能只是在向老师学习，只不过更夸张一些。在内心深处，王阳明或许也认为，王艮的言行尽管出格，其实也只是利根之人直面“实相”之举，内里自有乾坤。所谓“别人笑我太疯癫，我笑他人看不穿”而已。

从学术角度看，《朱子晚年定论》当然是站不住脚的，王阳明本人自然也对此心知肚明。他的做法，其实就是康有为撰写《孔子改制考》的另一个版本，只是不太成功而已。

程朱官学的捍卫者，一定要置阳明心学于死地，其理由当然也并不在观点方面。道学作为钦定之学已经超过 100 年时间，阳明心学的崛起是对明代官学的一次重大挑战。如果阳明心学真的撼动了道学的正统地位，哪怕只是撼动一部分，也必然改变当时整个文化学术界的政治谱系，那这些在位者及他们的徒子徒孙又将靠什么吃饭呢？这显然是重大的名誉与利益之争。

尽管如小岛毅所论证的，在明代，阳明学仅在江浙地区占据学术优势，而并未扩大到中国全土；但如从明代科举的角度来看，王阳明及其后学还是取得了一定胜利，如艾尔曼所言，“王阳明的思想深刻地影响了科举考试和各类‘四书’注疏中对道学的阐释”。[1]

王阳明并不是明中期唯一一个试图挑战程朱理学的思想家，在他同时代或更早、更晚一些时候，有强调“以虚为基本，以静为门户”的陈献

① 艾尔曼:《晚期帝制中国的科举文化史》，社会科学文献出版社，2022，第 419 页。

章，主张“随处体认天理”的湛若水等一干学者。即便是倾向道学的人士，也有不少提出了有别于程朱的观点，最明显的要数曾与王阳明论战，提倡“理气合一”的罗钦顺，以及早阳明数辈，持“理气无先后”观的薛瑄。这反映出黄宗羲所说的，有明一代“独于理学，前代之所不及也，牛毛茧丝，无不辨析，真能发先儒之所未发”[①]。同时，朱子之学经过人们上百年的学习和揣摩，已经不堪重负，很难再束缚士子的学术兴趣。

王阳明可以说是一位综合性的思想家，一位热忱的传道者，却不能说是一位体系建构型的哲学家。他的心学，能够影响整个明代中后期的学术走向，主要因为他通过军功建立起巨大的声望，大量士子拜其为师，继承并传播其观点。而在官学层面，同样有不少徒子徒孙将他的思想渗入科举之中。这当中，最为重要的当然要数在嘉靖晚年担任首辅，为阳明“平反”出过大力的徐阶。

另一方面，他所为人熟知的观点，如“知行合一”“致良知”，是对人的一生如何自我修行的点拨，也是对人如何在社会中自处的原则性指示，确实具备在城市型大众社会广泛传播的基本元素。

王阳明认为，“行”的意义在于“致良知”，因此他一方面固然强调“行”的重要性，另一方面却又限制了“行”的范畴。在他看来，“礼乐、名物、古今事变”都是第二位的，主要用来“验其行事之实”。至于纯粹的娱乐和审美性实践，则近于玩物丧志了。对王阳明来说，“良知之外别无知矣”，这当然并不是否定一般性的知识，只不过所有“见闻酬酢”，都

① 黄宗羲：《明儒学案》，中华书局，2008，第 14 页。

只是良知之发用流行而已。他对具体知识的轻视，是显然无疑的。[①]

4. 以狂者始，以狂者终

王阳明谈不上是儒家正统的圣人，他年轻时的性格相当狂放，急欲建功立业，有豪杰之气，湛若水说他“初溺于任侠之习，再溺于骑射之习”。他的门人黄绾在《阳明先生行状》中也说他“性豪迈不羁，喜任侠”。

秦家懿认为，王阳明早年确为狂者，但后半生则追求“超狂入圣”，表现不同。[②]这一说法并不是很确切，首先，王阳明并没有认为“狂”便不可入圣。狂是一种性格，自有其气象，“圣人教人，不是个束缚他通做一般：只如狂者便从狂处成就他，狷者便从狷处成就他”。[③]他晚年与学生讲学时，更说：“我今才做得个狂者的胸次，使天下之人都说我行不掩言也吧”，[④]可见也未“超狂”。尽管他在与门生论学时也认为，如果只有狂意，还不能算得道，但他并不认为“入圣”之后，便要抛弃“狂”。他所反对的，是不将这狂意投入实践之中。只要知行合一，狂也是圣。

从他晚年的事迹看，狂者之气也仍保留了不少。其中最明显之事有二，一是嘉靖五年（1526），王阳明众弟子北上赴京赶试。此时王阳明的著

---

① 参阅，蔡仁厚：《王阳明哲学》，浙江教育出版社，2022，第 73-79 页。

② 秦家懿：《王阳明》，生活·读书·新知三联书店，2011，第 2 章。

③ 王阳明：《王阳明全集》，上海古籍出版社，2011，第 118 页。

④ 同③书，第 132 页。

作已被朝廷认为是“叛道不经之书”，不得私自传刻。王畿与钱德洪在会试中所阐发的却正是阳明之学。两人会试中举之后，不参加廷试而归，其“狂”也不亚于阳明。王阳明对此却非常高兴，显然将其视为对当道的程朱理学人士的一次回击。①

另一件更重要之事，当属他晚年广西平叛之后，病重急欲回家，上疏朝廷希望回籍就医养病，但世宗皇帝不许。嘉靖七年（1528）八月，他从南宁自赴广州。三个月后，他又上书乞归，同时自行北上，至江西大余县而逝。

嘉靖皇帝不许王阳明回乡养病，确实展现了专权独裁者毫无人情的一面，但作为身兼左都御史，总领两广、江西、湖广军务的钦差大臣，在未见朝命的情况下便自行走上回家之路，也可看出王阳明桀骜不驯的狂者性格并未随着年齿之长而消退多少。

这一犯上举动，显然激怒了嘉靖皇帝。王阳明过世之后，明世宗在议及封拜问题时下旨：“守仁擅离重任，其非大臣事君之道。况其学术事功多有可议。卿等仍会官详定是非，及封拜宜否以闻，不得回护姑息。”嘉靖已经非常明确地表明了态度，一是王阳明不听旨意，非事君之道；二是阳明之学术不为他所喜。所谓“详定是非”，当然是详定其非了。

心领神会的吏部在回奏时，自然将阳明的学问斥为谬论，云：“夫功过不相掩，今宜免夺封爵，以彰国家之大信；申禁邪说，以正天下之人心。”嘉靖当然照此而颁令，不给王阳明“殁后恤典”，还要都察院榜谕天下，敢习阳明邪说者，重治不饶。

① 参阅，束景南：《阳明大传》，复旦大学出版社，2020，第 17 章。

其实阳明之书，早已被要求不得私自传刻，嘉靖没有需要立即旧事重提的道理，照理也用不着对立下过大功的刚逝臣子太过苛刻。此一旨意，主要还是由于嘉靖对王阳明居然敢不把皇帝放在眼里的“非事君之道”而产生的内心震怒。

黄绾后来在《阳明先生行状》中称：“讣至，桂公萼欲因公乞养病疏参驳害公，令该司匿不举，乃参其擅离职役，及处置广西思、田、八寨恩威倒置，又诋其擒濠军功冒滥，乞命多官会议。”这显然是为君上讳。虽当时桂萼为吏部尚书，且确实不喜王阳明之不肯附己，但此事应为嘉靖亲自授意。黄绾作此文时，桂萼已死，将罪过往他身上推，可免去嘉靖皇帝之责。而黄绾上书之后的石沉大海，自然已经说明了嘉靖本人的态度。

朝廷下旨之后，阳明的弟子迟迟未为阳明下葬，可能也期待着中央的“平反”。时任南京礼部右侍郎黄绾当年便上《明是非定赏罚疏》，力辩阳明的学术事功，但毫无效果。阳明的另一位弟子给事中周延再上疏论列，被贬为判官。到阳明逝世之后近一年的嘉靖八年（1529）十一月，他的棺椁才不得不入土。据钱德洪言，当时有千余学子参加王阳明的葬礼，“麻衣衰履，扶柩而哭。四方来观者莫不交涕”。

尽管朝廷已经对阳明下了定论，但他的门徒们并未放弃为老师张目的机会。嘉靖十六年（1537），时任浙江巡按监察御史周汝员在绍兴阳明书院修建了“新建伯祠”，同年十二月又在余姚县城今阳明东路一段竖起了“新建伯坊”。此牌坊直到1964年才被拆除，主要是为了修建“柴行街小学”，此小学便是我所读的“阳明小学”的前身。2006年，余姚市政府在“王阳明故居纪念馆”前重建牌坊，并将嵌在小学校园花坛上的“新建伯”

古匾额取出，置于新石坊之上。[1]

嘉靖十七年（1538），新任浙江巡按监察御史傅凤翔又在龙山建了阳明祠。此龙山也名龙泉山，也就是今天的余姚龙山公园，为我小时候所常登。此山虽不高，却有晋代便建成的龙泉古刹，也即龙泉寺。当年范仲淹的名诗“余姚二山下，东南最名邑”，“二山”指的应该便是龙泉山与今天已经不存的秘图山。王阳明旧居离此地很近，小时候应该经常在山上游玩。弘治十八年（1505），他在京城为官时还作诗云：“我爱龙泉寺，寺僧颇疏野。”

王阳明曾两次于寺中的中天阁讲学，中天阁也因此成为当时余姚的讲学胜地，故傅凤翔在阁之上方建祠堂纪念。钱德洪在《阳明先生年谱》中还记录道：“每年春秋二仲月，有司主行时祀。”后又建阳明之父王华之祠，合称“二王祠”。龙泉山上原有严子陵祠、孙忠烈祠等古迹，均在日军占领时被破坏。我幼时爬龙泉山常碰到的“四先贤故里碑亭”，则是20世纪80年代从山下迁来的。

阳明逝世39年之后，嘉靖病亡，明穆宗继位，当年四月便下旨“王守仁照例与祭葬，还与他谥”。隆庆二年（1568）十月下诰命，赠为“新建侯”，谥“文成”。万历年间，皇帝又诏从祀孔庙，阳明终归儒家道统。

后世儒门推崇王阳明，或许是因为他符合立德、立言、立功的圣人标准。他的门人，曾任延绥巡抚的万潮便作祭文道：“古所谓豪杰之才，圣贤之学，社稷之臣，非先生其人耶？”

当今政商界高举阳明之旗，可能更多是由于他的“知行合一”观注重

---

① 此段典故，可参见余姚赵建荣先生在《余姚日报》上所写的《“新建伯坊”的前世今生》等系列文章。

实践，可为实业兴利所用。另一方面，实务工作通常纷繁复杂，经办人如时时陷于具体琐事，反而为事所困，进退无据。阳明主张的向心求理，化繁为简，“拔本塞源”，倒可助主持大局者跳出圈外，从本源处思考问题，把握问题的全局。这也可佐证，王阳明的思想并非靠“默坐澄心”而得，而是从他本人的亲身实务工作中汲取了灵感。

在有些现代学者眼中，王阳明的思想似乎蕴含着可以与西方近代思维类比的自由精神，因此值得特别加以褒扬。岛田虔次便认为，王阳明将人性作为评判是非的基本标准，从而将社会制度的根源移到了“人”这一边。而且王阳明认为人的意义只在于“良知”，所以“就对知识、才能、情意等给予了独立的评价”。他甚至认为王阳明的主张表现出了“肯定欲望”的理论。①

岛田虔次发表这个观点时，正是第二次世界大战结束不久。他一方面感慨于中国古代文化的伟大，一方面又不可避免地产生了对“中国文明没有像欧洲（方式的近代）那样开花的懊丧之情”。② 这当然是可以理解的，但从 70 多年后的今天来看，硬要从王阳明身上归纳出可与西方近代思维相比较的观点是没有必要的，也很难站得住脚。

王阳明虽然认为心或者说“良知”，便是天理，是评判一切是非的标准，但他从未否定儒家的伦理与秩序观，只是觉得这些都是基于人心而自然延伸出来的。至于“致良知”的目的，是“为善去恶”，仍然是朱熹的“去人欲，存天理”，而不是什么“肯定欲望”。

---

① 参见，岛田虔次：《中国近代思维的挫折》，江苏人民出版社，2005，第 1 章。

② 同上书，后记。

阳明思想中确实蕴含着与传统儒家的不同之处。董仲舒主张“天不变，道亦不变”，朱熹则认为，“三纲五常，亘古亘今不可易”，可以说儒家的主流是维护自古便有的纲常伦理。王阳明却认为，“夫学贵得之心，求之于心而非也，虽其言之出于孔子，不敢以为是也”。[①]也就是说，心中之理，高于古之圣贤之说。

也因此，人人皆可为尧舜。王阳明所全心构建的，是一个他所属意的理想世界。在这样的世界里，人人皆从内心求得真理，人人皆为圣人（其心纯乎天理，而无人欲之杂），但才性不同，所以“随才成就，才是其所能为。如夔之乐、稷之种，是他资性合下便如此”。[②]如钱穆所言，这是一个“人人分工而合德”且“各成为一圆满无缺之圣”的世界，“又是何等地美满的社会和人生啊！”[③]

西方近代以来的主流自由观是基于权利的自由观，认为个人自由是一项基本权利。如贡斯当所言，“现代人的目标则是享受有保障的私人快乐；他们把对这些私人快乐的制度保障称为自由”。[④]

当然，基于近代自由观，也可以刻画出一个“大同世界”。那便是一个不断通过制度或技术的变迁，扩大自由的边界，让每个人都可以享受越来越多的“私人快乐”的美好世界。但这个理想世界，显然不是“人人皆圣贤”意义上的。

---

① 王阳明：《王阳明全集（卷二）》，上海古籍出版社，2011，第 118 页。

② 王阳明：《王阳明全集（卷一）》，上海古籍出版社，2011，第 24 页。

③ 钱穆：《宋明理学概述》，九州出版社，2010，第 218 页。

④ 邦雅曼·贡斯当：《古代人的自由与现代人的自由》，上海人民出版社，2005。

5. 余论

我站在阳明墓前，旁顾四周。据钱德洪记载，该地为阳明死后所亲择，风水先生看此地时，觉得“前溪入怀，与左溪会冲，啮右麓”，欲弃之。阳明却托梦于山翁，言“吾欲还溪故道”。第二天溪水泛滥，在南岸凸显出周阔数百尺的明堂，“遂定穴”。这当然是故意神化之。

当天正是王阳明诞辰550周年，就在我参观阳明墓的同时，在十几公里之外，绍兴城里西小路上的阳明故居和新修的阳明纪念馆正在徐徐开幕。这一工程可谓夸张，据言总投资达80亿元，占地则近40公顷，其核心建筑是重建的阳明故居和纪念馆。

第二天，我便赶到绍兴城内，参观这一刚揭幕的阳明故居。原有的故居已在太平天国运动中被毁，后盖上了其他建筑，所以所谓的重建，其复原性究竟如何也很难说。不过据20世纪80年代参观过故居的冈田武彦回忆，“当时石门的门框和柱子依然残存”，而且还残留着饮酒亭和大文台的遗址，可见格局尚存。大体而言，此次重建还是可以说恢复了明代官员宅邸的基本面貌。

阳明纪念馆前的阳明像

阳明纪念馆外的西小路

如果说阳明故居还属于对当年王阳明所住新建伯府的旧址重建，至少可供人追念往昔，那么故居东侧的阳明纪念馆则更让我莫名惊讶。建筑规模宏大空荡，里面更用极为先进的环幕影院，借助夸张的声光效果，像科幻作品一样呈现阳明的伟人形象，参观者仿佛置身于未来之城。可到里面参观所陈列的王阳明文化传承展时，又觉得了无内容，乏善可陈，某些极为低劣的当代"阳明学"通俗著作居然也大模大样地置于展示厅中，实在有斯文扫地之感。如此天文数字的投资，拿出哪怕一点儿零头来，购置些与王阳明或明代有关的真古物，供人欣赏，不是更有意义？

至于王阳明的出生地余姚，自然也不会放过这一名人，早在十几年前，政府便将王家老宅也予旧址重建，同样以阳明故居之名申报了全国重点文保单位；2021 年，又在不远处新建了阳明古镇文化商业街区，搞得煞是热烈。而不过在半个世纪之前，王阳明还被认为是一个"手拿屠刀口念儒经"的封建刽子手。

与此相比，王阳明的墓地，虽显荒凉，却更贴合于他的生平个性。他那一生以狂者始、以狂者终的性格，在君权至上的中国古代社会独树一格。他对"心外无理"的信念，推动着自己的独立人格发展，不以外界权威为权威。至于他所期许的人人皆可为圣贤，更可说是对儒家大同观念的一次微观升级。钱穆评论王阳明道："他平生在文学在事功上，都有绝大成就。但他晚年心境，却把这些成就都一扫而空，此远非子路可比。"[1]若以"知行合一"来评价王阳明的一生，他是当之无愧的。

---

① 钱穆：《宋明理学概述》，九州出版社，2010，第 209 页。

对幕末时代的日本思想者来说，阳明学的吸引力在于它蕴含着为了真理而超脱生死，“超越既成的俗世间的价值，归依于内心所持守的某种绝对的价值”。①这说的也就是由“心即理”散发出的狂者气息，虽然从中国人的角度来看，这显然是种误读。

王阳明的具体思想是否会在现代社会得到重生，并不是一个特别重要的问题。即便得到“重生”，王阳明的那些观点和名言，在剥离了历史上的儒家思想场域之后，恐怕也只会像“原址重建”的故居那样，仅仅看上去像真的。反倒是他的人格力量，尤其是令正德、嘉靖两位皇帝都恼怒不已的“非事君之道”，恰恰是中国士文化中最为可贵的一面，这也是对大权在握的专制者的永恒警告：天下之大，非一人所能治。

王阳明如此特立独行，也建立于他的狂者胸襟之上。而王阳明思想之所以盛行于明代中晚期，与其说是与明代工商业高度发达、市民生活丰富、经济繁荣有关，倒不如说是士人阶层对官方试图借助科举制度和理学统一思想文化，将学术精英转变为专业服务阶级而生发的反弹。这种反弹，到了清代，则以考据学的形式展开。两种学问看似方向相反，但它们所面临的，却是同一种思想管制。

余英时在论及王阳明的“龙场之悟”时认为，这标志着王阳明的思想从“得君行道”向“觉民行道”转变。由于对当朝皇帝及其朝廷的失望，阳明转向了向“士”之外的大众启蒙，而不再寄望于君主。②由于史料的欠缺，这一观点是否正确，实在很难论证。不过有两点可以佐证，第一是

---

① 沟口雄三：《李卓吾·两种阳明学》，生活·读书·新知三联书店，2014，第169页。

② 余英时：《宋明理学与政治文化》，吉林出版集团有限责任公司，2008，第6章。

在明代诸多士大夫的言行中，确实绝难找到如范仲淹那般“先天下之忧而忧，后天下之乐而乐”的主人翁精神，可见宋明之间，士大夫在气质上确实有了根本性的转变。第二则是，明代皇帝的专制妄为，已经引发了人们对君主制的质疑，最明显当然如黄宗羲所言，“天子之所是未必是，天子之所非未必非”。黄宗羲虽为明代遗民，并曾亲自率兵反清，却在晚年目睹康熙对儒家的尊崇之后，言道“古今儒者遭遇之隆，盖未有两；五百年名世，于今见之”。所谓五百年，大致是从南宋灭亡算起，可见他对明代君主的“非儒”，是了然于胸的。

在这个意义上，只要一个社会还面对着学者为现实政治服务的境况，还背负着思想被限定方向的压力，阳明学（扩而广之，也可以说是中国思想）便会自然焕发出真正“近代”的光彩一面，成为现代人可以借用的思想资源。

无论古今中西，权力的狂妄和独裁，是人们要永远面对的真实挑战。而任何能为现实人们所借用的思想，也必然扮演着某种类似精神支柱的角色，就此而论，我们又确实可以说，“理在心中”。

第四章

象山岛上看蔡元培

行走于“浙东之路”，我参访了不少近代教育家的故居与墓地。经过绍兴上虞时，先拜访了位于东关街道大木桥头的竺可桢故居。竺氏故居不算太大，大约是一组两层的民居建筑，现已被列为浙江省级文保单位。不过我去的时候正是周末，展览并未开放，所以只是在外面转了一圈。

从上虞向南，我沿着104国道一路前行，往嵊州而去。快进入嵊州时，我才发现，马寅初墓在离公路不远之处，也就是几公里的路程。当然我知道嵊州市内有马寅初故居，早有去拜访的意愿，便跳过了拜访他的墓地，直接进入市区。第二天一早，我就去浦口街道名人街参观他的出生之处。这是一幢三进的清式建筑，面积要比竺可桢故居大不少。由于马家以酿酒为业，所以当时除了马家人自住，酒坊的师徒也居于此，当年的生活情形定然颇为热闹。

一个月后，我又来到绍兴，原意是拜访王阳明之墓，却由于一些原因无法立即回京，只得多住了几天。借此机会，我又在这座历史名城游玩了不少地方。去市中心的蕺山公园参观了刘宗周的蕺山书院和王羲之的书圣故里之后，下到山脚，信马由缰，走街串巷，不经意走到了一个小弄堂，上书“笔飞弄”三字，弄堂不大，抬头便看到一座颇为气派的旧居，原来是蔡元培故居处，现已改为蔡元培纪念馆，当然要进去瞻仰一下。

相比竺可桢故居和马寅初故居而言，蔡元培老宅的规模就要大得多了。风格上相差不大，也是明清风格建筑，占地却是竺氏故居的三倍有余。据蔡元培在《自写年谱》中所述，此地由蔡元培的祖父在道光年间购置，分两进，前进是“一堂两厅，有园有井”。后又加盖五楼五底，到蔡元培时乃三代共住。他的父亲住在后进，六叔、七叔住前进，这些都是由他的祖父分配的。

蔡元培故居位于笔飞弄

这三位近代绍兴教育家，在身世上其实有不少相同之处。比如他们父辈都以经商为生，竺氏为当地米商，马家在嵊州的酒坊生意相当出名，而蔡元培父亲则是钱庄经理。

至于在后来的学习经历上，马寅初与竺可桢都是去美国留学，学成归国。回国之时，民国已经建立，他们的主要工作也是在大学钻研学术。相较而言，马寅初作为经济学家，社会工作自然更多一些。他在 20 世纪 20 年代不仅频繁于各大学演讲，还曾担任浙江兴业银行与中国银行顾问。1928 年，他又任全国禁烟委员会委员，以及南京国民政府第一届立法委员，可以说是半学半政。

蔡元培的生平与他们略有不同。出生于同治六年（1868）的蔡元培，年轻时接受的基本是传统教育。他17岁考取秀才，又在1890年会试中式，两年后被授翰林院庶吉士，并于1894年被授翰林院编修，走的仍然是旧式科举之路。

影响蔡元培生平抉择的重大事件是1898年的“百日维新”。蔡元培并非“康党”，实际上他对康有为的学说评价颇低，视为“悖谬之言”。按他自己所述，维新六君子中，他最为佩服谭嗣同，但之前并未与他纳交。不过，维新变法的失败显然对他打击颇深，以致愤而离京。

自此之后，蔡元培便对清廷失去信心。他回到家乡绍兴，先是担任绍兴中西学堂（绍兴第一中学的前身）校长，从此走上了一条以教育改造社会的道路。

1. 象山避难

我对蔡元培生平的兴趣，还来自某一年去象山石浦旅游时，偶然在东门岛灯塔旁看到他的半身塑像，以及他当年的题词：“出其东门，介尔昭明”。这是1927年他借住此地时，为当时灯塔的主人任氏兄弟所留下的。“介尔昭明”语出《诗经》，蔡元培在这里显然是赞扬灯塔为来往船只提供了光明。

东门岛位于象山石浦镇的最东面，全岛面积约2.8平方公里，渔业颇为发达，是个典型的渔村，人口不过几千，却自有其历史。甫进村口，便能看到省内政要当年留下的题词：浙江渔业第一村。在民国时期，此地作为渔村便颇有名声，当年极为轰动的电影《渔光曲》的外景拍摄便是在东门岛完成。

蔡元培像

蔡元培题词

进入村子参观东门老街，便能发现村内还保留了不少清代民居，而且相当完整。村子最里面是东门岛妈祖庙，当地人又称天后宫。天后宫占地近 2000 平方米，里面是五开间的大殿，殿内供奉的便是妈祖娘娘神像。大殿对面是戏台，逢年过节，村民便齐聚此地看戏。戏台前的柱子书有对联：“一曲越剧醒今古奇观，两副面孔演悲欢离合”。

蔡元培赴象山避难，是在北伐的大背景下。据蔡元培本人所自述的传略，1926 年 2 月他回国到上海，当时“平、津交通断绝，无法北上。乃留沪参加皖、苏、浙三省联合会，该会系响应国民革命军北伐之组织”。[①]当

① 高平叔编《蔡元培全集（第 6 卷）》，中华书局，1984，第 581 页。

年 11 月 21 日，他被推为三省联合会浙江委员之一，并于 23 日主持第二次委员会议。[①]

象山石浦天后宫

1926 年 12 月 19 日，他出席浙江省自治政府成立会议，并被选为 9 名省务委员之一。当天，蒋介石还致信蔡元培，告知当时所定的浙江政治会议主席张静江无法主持会议，请蔡元培为代理主席。他在后续给蒋的回信中表示，希望由另一位委员褚辅成先生来代理此职，并言褚辅成已经在同日邀集谈话，定在宁波设立临时省政府。他计划于来年 1 月 4 日赴宁波。当时浙江的情况已经很不乐观，据蔡元培后来回忆，蒋梦麟、陈独秀等人都劝他不要去，但他还是动身履约。

又按照随侍蔡元培从象山到福建的姜绍谟所述，1927 年元月，孙传芳军队渡过钱塘江，国民革命军第十九军只得撤退。蔡元培和马叙伦作为当时的浙江省政务委员，先来到宁波，于 1 月 8 日成立浙江临时政治会议，

① 王世儒编《蔡元培年谱新编（上卷）》，北京大学出版社，2019，第 624-625 页。

并由蔡任代理主席。蔡元培与马叙伦乃多年好友兼同事，并且在蔡元培就任北大校长一事上，马叙伦有策划举荐之功，所以此行两人一路同伴，实属情理之中。

由于局势紧张，会议结束后，蔡与马便去象山小住了一段时间。他们先住在黄公岙的史文若家，再搬到盐仓，最后乘着小帆船至福建。[①]马叙伦先生的回忆录《我在六十岁以前》有相近的描述，不过略详细一些，并特别指出，他们是坐小火轮到象山县城住了一宿，第二天再至励先生家里。[②]

由象山东门岛几位退休教师编写的《象山东门岛志略》对此则有更为精确的描写，邀请蔡和马一行到象山的是他们的学生，象山本地人励乃骥。他们首先是在励的老家东溪村住了几天，不料被当地知事唐世滩知晓。为防万一，励乃骥便将蔡、马两人送到了住在黄公岙的同学史文若家，住了一两天，之后又搬到了石浦的妹夫纪经漠家。

纪家先是将几人接到他们自己新建的宅院中。据言，此宅院“三面环河，沿河绿竹成荫，园内花木繁荣，环境幽邃”。不久后，为了安全起见，纪家又将二人引到东门岛上的灯塔暂避。此灯塔的主人便是任筱和、任筱孚兄弟。纪家与任家素来交好，任氏兄弟重建灯塔时便得到过纪家的资助，纪家此次托付任氏兄弟照顾蔡元培一行，显然是视为至交。

蔡元培当年看到的这座灯塔由任氏兄弟在1919年重建，用汽灯照明。两兄弟为灯塔事业费尽一生心力，在象山共建了七座灯塔，并于抗战胜利后将灯塔全部送给上海海关，合称“二难兄弟”（取难兄难弟之意），死后

---

① 王云五、罗家伦：《民国三大校长》，岳麓书社，2015，第45-51页。

② 许嘉璐主编《我在六十岁以前：马叙伦年谱》，浙江古籍出版社，2021，第76-77页。

也合葬在东门灯塔不远处。建灯塔时还在周围设了七间管理用房，实用之外，也成了象山一景。想必蔡元培当年便是暂住在管理用房中。

东门岛

任氏兄弟之墓

1927 年 1 月 17 日晚，任氏兄弟用两艘大木帆船（姜绍漠的回忆是三艘渔船），亲自从东门门头送蔡氏一行先至台州玉环，再去福州。[①]蔡元培回忆说，他乘坐的是带鱼船，但实际上，这两艘船的主要用途，一是搞货运，二是为灯塔运输所需的煤油。

由绍兴到象山，我在同一年间竟两次途经蔡元培的故迹，寻访他的往事之余，也不禁多了几分想了解他的热情。

过往读书，谈到北大的教育理念，人必言蔡元培，所谓“思想自由，兼容并包”，听得多了，并不觉得高明在何处。毕竟，当代大学又有哪家敢不高举“学术自由”的旗帜，其实只是为了“政治正确”，挂挂羊头而已，真能践行这一原则的高校并不多。

2018 年，在蔡元培诞辰 150 周年之际，陈平原教授发表了以《为什么

① 象山东门岛志略编纂委员会：《象山东门岛志略》，2000，第 47-49 页。

蔡元培是北大永远的校长》为题的纪念文章。老实说，粗粗读罢全文，我实在不觉得作者回答了他自己设的这个问题。

不过，在浏览了蔡元培的相关著作，并对他的生平有了少许认识之后，我确实以为，蔡元培在教育理念上既一以贯之，又不断与时俱进。他执掌北大十年，又创办中央研究院，其影响惠泽后世至今，举为中国现代高等教育第一人，可谓名副其实。

2. 执掌北大

就蔡元培的一生经历而言，最为重要的当然还是担任北大校长的这十年。他对北京大学的系统改造，将之从政学合一，介于新旧体制之间的“京师大学堂”转型为现代大学，在中国近代史上具有典范式的象征意义。如罗家伦所言，“以一所大学来转移一个时代学术或社会的风气，进而影响到整个国家青年的思想，恐怕要算蔡孑民时代的北京大学。”①

不过关于这一时期蔡元培大学理念的完整展现，最早可以回溯到由他本人任教育总长期间主导起草，并于1912年10月24日发布的《大学令》。《大学令》共22条，其中第一条便是“大学以教授高深学术，养成硕学闳材，应国家需要为宗旨”。再看五年后蔡元培就任北京大学校长时所发表之演说，一开头便指出大学与学成任事的专门学校不同，“大学者，研究高深学问者也”，可见他的前后思想之连续性。

① 王云五、罗家伦：《民国三大校长》，岳麓书社，2015，第91页。

《大学令》第三条又要求，“大学以文、理二科为主”，没有二科中的一科，便不得称大学。第十六条和十七条指出，“大学设评议会，以各科学长及各科教授互选若干人为会员”，评议会对大学内部的学科方向与规则，具有审议权。第十八条和十九条则列出了学科内部的教授会设立规则及相关权力。就日后他就任北京大学校长之后的作为来看，可以说基本实践了他自己所定下的这些原则。

在这一时期，蔡元培的教育理念主要来自他在德国近四年的留学经验。当时德国大学教育体制的几个突出特点，包括学术自由，研究与教学相结合，将纯粹学术与应用技术相区分，以及以大学为纯粹的学术研究之场所，都被蔡元培照单全收，先诉诸《大学令》，后又施行于北京大学。[①]

1917 年 8 月，蔡元培以北大校长的身份提出议案“大学改制之事实及理由”，发表于《新青年》杂志。文章一开头便说，“窃查欧洲各国高等教育之编制，以德意志为最善”。接着他建议中国的大学专设文、理二科，至于法、医、农、工、商等专科，则成立专门之大学。其基本用意，便是将中国的高等教育体制从规仿日本，转为向德国学习。[②]

针对周春岳对他的公开批评，他又特别解释道，“文、理，学也。虽亦有间接之应用，而治此者以研究真理为的，终身以之”，而“法、商、医、工，术也”，主要意义还在于服务社会。[③]

---

① 参阅，陈洪捷：《蔡元培的办学思想与德国的大学观》，《高等教育研究》1994 年第 3 期，第 24–29 页。

② 高平叔编《蔡元培全集（第 3 卷）》，中华书局，1984，第 130–133 页。

③ 同②书，第 148–151 页。

蔡元培的这一教育观念，与后来的民国教育家们也不太一样。比如他的学生，曾任清华大学与中央大学校长的罗家伦，在1934年发表文章《中国大学教育之危机》，便认为“纯粹科学的研究，自然需要，但是时代和环境所需要的学问，也同样需要”，“大学对于国家民族的生存问题，不能不负一种责任”。[①]到了20世纪30年代，即便在教育家的观念中，“救亡”也变得越来越重要。

在教育部将蔡元培这一建议转变为规定之后，他便立即在北大加以实行。北大原有文、理、法、商、工五大学科，他将工科转至天津的北洋大学，商科并入法科，文、理两科则大为扩充，整体面貌为之一新。[②]

接着，他又开始实践自己在《大学令》中所提出的评议会与教授会原则。组织评议会的目的，是“给多数教授的代表，议决立法方面的事”。而教授会则是实践教授治校，由教授会主任来分任教务。这样，学科内部的工作由教授会来决定，学校层面的规则由评议会来制定。曾长期担任评议委员会委员的马叙伦回忆道，评议会最重要的两件大事是聘任教授和预算两项。“聘任教授有一个聘任委员会，经委员会审查，评议会通过，校长也无法干涉。教授治校的精神就在这里。”[③]

1919年12月，北大通过《内部组织试行章程》，在原有的评议会和教授会之外，于行政、教务、总务等领域进一步实施教授治校。[④]可以说，

---

① 张晓京编《中国近代思想家文库：罗家伦卷》，中国人民大学出版社，2015，第238-245页。

② 中国蔡元培研究会编《蔡元培研究集》，北京大学出版社，1999，第107页。

③ 许嘉璐主编《我在六十岁以前：马叙伦年谱》，浙江古籍出版社，2021，第56页。

④ 同②书，第105-124页。

在蔡元培时代的北京大学，校内已经完整地实践了教授治校的原则。如果说在这方面，还有哪件事是他想做而未做到的话，那便是实行德国的大学由教授公选校长的制度了，而这点是他作为北大校长无力改变的。

蔡元培晚年在“整顿北京大学的经过”中认为，他在北大主要做了三件事，一是设立研究所，将北大从毕业后谋出路的官场预备学校改造为“以研究学术为天职”的教育机构。二是所谓开放女禁，招收女学生。三则是“变更文体，兼用白话，但不攻击文言”。①

实际上，他做的工作远不止这三件事。除了前述对北大的整体体制改造，以及不拘一格延聘国内一流学者，邀请当时的世界知名学者如罗素、杜威等人来华讲学，筹措资金购买图书、增添实验设备等“常规”事务之外，至少还有几件事值得一提。第一是试行选课制，本科须修满 80 个学分，半数为必修科，半数为选科。据他在传略中所言，采用选课制是因为“适教员中有自美国留学回者，力言美国学校单位制之善，遂提议改年级制为单位制”。②

第二则是废科立系，取消文、理、法的三科界限。蔡元培早就认识到大学教育的通识意义，1918 年 9 月，他主持北京大学开学仪式，指出“诸生须知，既名大学，则万不可有专己守残之习。……近并鉴于文科学生轻视自然科学，理科学生轻忽文学、哲学之弊，为沟通文理两科之计划”。③1920 年，北京大学正式把学科改为五组，用数学系、物理系、哲学系、中

① 高平叔编《蔡元培全集（第 7 卷）》，中华书局，1984，第 22 页。
② 高平叔编《蔡元培全集（第 3 卷）》，中华书局，1984，第 332 页。
③ 参阅，王世儒编《蔡元培年谱新编（上卷）》，北京大学出版社，2019，第 309-310 页。

文系、历史系等取而代之。这显然也是向近代大学转型的重要举措。

蔡元培自云居北大校长十年有半，而实际办事大概是五年半，“所成就者仅仅如是”，这实在是过谦的说法。单是他所说的第一件事，将北大改造成为中国高等教育史上第一所研究型大学，便可说是中国近代史的一件大事，也可说是为中国高等教育的现代化转型立下了第一等功劳。虽然不能说他的改革计划获得了彻底成功，但开风气之先的标志性意义却是无可怀疑的。

蔡元培的北大十年是成功的，这当中的原因颇为复杂，既有国家由帝制转向共和的洪流中，整个社会渴求现代大学的时势原因，也有民国初期南北分治的独特政治现实因素。但不可忽略的一点是，蔡元培以同盟会和国民党双重元老的身份担任中国走向共和国时代之后的第一任教育总长，拥有雄厚的政治资本与文化资本，他以此地位执掌北京大学，才能够抵挡住来自四面八方的攻击，将北大的改造计划持续下去，终成正果。

顾孟余曾言，“蔡先生时之北大，超然于政治社会之外，乃历史的奇迹，各国所未有，今后不能再”，这话当然也是对的。①

3. 践行教育理念

第一次世界大战以同盟国战败而告终，这对蔡元培产生了巨大影响，他不免思考起德国教育模式的不足来，并对战后的教育方针作了重新审视。

---

① 郑天挺：《郑天挺西南联大日记》，中华书局，2018，第 768 页。

1919年9月，他以日文形式发表了《战后之中国教育问题》一文，对此问题进行了初步思考。他首先指出，战前世界上的几个教育方针，如军国民教育、绅士教育、宗教教育、资本教育，都有重新调整的必要。其中，军国民教育和宗教教育必将退出历史舞台；英国式的绅士教育，则会逐渐转变为平民教育；所谓资本教育，主要指的是“高等学校学费非常贵，若非富豪或上层阶级人士，不可能供其子弟受高等教育”，[①]战后也将转往普及高等教育的方向。而“我国过去的教育制度，很多模仿德、日两国”，现在实在有调整的必要。

1920年底，蔡元培又一次出国，对比利时、法、德、英、美等国进行了为期大半年的考察。关于考察的主要宗旨，他表示是因为“大战之后，各国大学也有一番改革……我很愿意知道他们改革的状况”。[②]

此次考察，从他本人的日记来看，几乎每天都有一个以上的行程，相当紧凑，这当中既访问了各大学、职业学校、博物馆、图书馆、研究所、歌剧院，也有与各色政、商、学界人士的交流餐叙。

这其中较为重要的活动，包括了1921年2月24日，他赴法国的大学联合办事处访问。在此次访问中，他特别询问了法国各大学与中小学校之关系。同年3月1日，他又参观法兰西学院，得知“此院专为研究高深学问而设，教员多专请，兼大学教育者甚少”。

蔡元培于1921年6月1日抵达美国，陆续访问了哥伦比亚大学、纽约大学、哈佛大学、乔治城大学、约翰•霍普金斯大学、芝加哥大学，并

① 高平叔编《蔡元培全集（第3卷）》，中华书局，1984，第336页。
② 同上书，第450页。

于7月19日在伯克利大学中国学生会上发表演说，提出大学教育应采欧美之长，他认为，“德、法大学专重研究学问，德国注重精细分析的研究，法国注重发明新法的研究。英国大学，如乌克福斯（牛津）及康白尼哲（剑桥），重在陶养学生首先，使成为缙绅之士……美国大学之研究学问，与欧洲大学一样，其提供合群运动，亦与英同，惟无科条约束学生耳”。他又特别指出，美国大学有两个特色，“（一）凡有用学问，如新闻学等，大学都可收入。（二）设夏科与校外教育，即无机会进大学者，亦可来习”。①

发表这一演说时，他在美国还只待了一个多月，却似乎已经对美国高等教育的特色抱胸有成竹的态度。当中的一个原因是，在蔡元培来美之前，留美北大同学会已经组织学生分主题开展关于美国高等教育体制的调查。6月3日，蔡元培赴哥伦比亚大学与留美北大同学座谈时，调查人员次第向他报告，其中最主要的调查内容就是教育经费与学术研究。相关研究材料均由他本人带回国。②而据罗家伦回忆，蔡元培在当天的谈话中，主张实行法国大学区之制度。③

关于大学区制度，蔡元培在访欧之前就有了较全面的认识。1920年3月，人在法国的李石曾便致信蔡元培，推荐法国的学制。同年北京中法大学成立，试行大学区制，效果似乎不错。蔡元培在1921年5月12日于爱丁堡学术研究会晚餐会上致辞，已经提到中国应采纳法国的大学区制度，

① 高平叔编《蔡元培全集（第4卷）》，中华书局，1984，第65-66页。
② 参阅，汤广全：《教育家蔡元培研究》，山东人民出版社，2015，第181-182页。
③ 王世儒编《蔡元培年谱新编（上卷）》，北京大学出版社，2019，第442页。

此后一直未曾改变想法。[1]

到了1922年3月，蔡元培在上海《新教育》杂志上发表文章《教育独立议》，对教育如何超然于政治和宗教提出了他自己的较完整想法，其核心便是后来所试行的“大学区制”，简而言之，每一学区立一大学，学区内的中小学教育、社会教育和成年教育，都由大学来办理。大学事务的决策及大学校长任免，均由大学教授所组织的教育委员会来决定。教育经费，则从本学区中抽税充用。

在文后，他又特别注明，大学区制是采用法国制，但大学包括各种专门学术，兼有社会教育及抽教育税等方针，则采用美国制。只有大学校长由教授公举这一办法是采纳德国制。不过在此方案中，他仍然保留了教育部的存在，只是专办相关行政与统计事务，不得干涉各大学区事务。

从中可以看出，兼容并包作为蔡元培为人为事的基本原则，不仅体现在他就任北大校长时所持的思想自由方针上。他的整体教育思想也是博采各国之长，并将之融为一体。而他采纳各国政策的基本原则便是维持教育的超然或者说独立性。

在这个时期，蔡元培心中的教育观念已经从独尊德国转向了偏重美国，比如他放弃了以前所主张的，大学主要研究文、理等“高深学问”，法医农工商等学科则成立专门的应用性学校的构想，而改为建设美国式的“综合性大学”。但他仍然保留了德国的大学的校长遴选制，而不采纳美国高校流行的董事会制。其中原因，在他赴美时期的日记中可以找到，“有迦尔当君

① 参阅，赵峻岩：《民国时期大学区制度变迁研究》，南京大学出版社，2015。

演说《教育与民治之关系》，言：‘德国政治极专制，而大学却自由；美国政治尚民治，而大学受董事会专制’”[①]。看来他是认同这一说法的。

1922 年稍晚一些时候，蒋梦麟也在《新教育》杂志发表文章《英美德法四国人民之特性与大学之特点》，对四国大学的优缺点作了点评。他认为，“法国大学，其长在纯粹科学；德国大学，其长在应用科学；英国大学，其长在治人的社会科学；美国大学，其长在治事的社会科学”。[②]两篇文章，一前一后，一篇论述整体的教育改革方针，一篇则考量具体的学术方向，但都试图将各国教育之长施行到中国。显然在第一次世界大战的大背景之下，他们对教育改革的方向都作了自己的再思考。

五年后，蔡元培担任中华民国大学院院长，开始实践自己的晚期教育理念。蔡元培力主创设大学院的目的，主要还在于倡导教育独立，以学者治教务，免受官僚体系的干扰。早在 1919 年 6 月，他写下《不愿再任北京大学校长的宣言》，理由便是作为政府任命校长的不自由，“什么大学文、理科叫作本科的问题，文、理合办的问题，选课制的问题，甚而小到法科暂省学长的问题，附设科的问题，都要经那拘文牵义的部员来斟酌”。而他的种种求新尝试，又常常被权力机构干涉，“于是教育部来干涉了，国务院来干涉了，甚而什么参议院也来干涉了，世界有这种不自由的大学么？”[③]虽然这是“五四”事件之后的激愤之词，但显然也说明了他的内心

① 高平叔编《蔡元培全集（第 7 卷）》，中华书局，1984，第 365 页。

② 参阅，马勇、黄令坦编《中国近代思想家文库：蒋梦麟卷》，中国人民大学出版社，2018，第 98-100 页。

③ 高平叔编《蔡元培全集（第 3 卷）》，中华书局，1984，第 297-299 页。

真实想法。

大学院的基本定位是全国最高学术和教育机关，学院下设教育行政部，处理属于中央部分的教育行政事宜，这可以理解为原来国民政府所设的教育行政委员会的功能。另设研究院及其他国立学术机关，如劳动大学、国立博物馆、图书馆、美术馆、天文馆等。与他五年前《教育独立议》中的设想相比，大学院显然是又一创新，用他后来对法国驻华公使马泰尔的话说，“大学院实在就是法国教育部及国家学院之组合同体”。

1927年7月14日，又公布大学区组织条例，基本与《教育独立议》中所设想的大学区制一致。首先规划在江苏和浙江试办，成立第三中山大学（浙江大学的前身）和第四中山大学（南京大学的前身），第二年又成立北平大学区。

不过大学院只运营了一年多，到1928年10月国民政府将其改组为教育部，蔡元培本人辞去院长职务，此后他将主要精力转向中央研究院方面。所试行的几个大学区也在1929年逐渐撤消。至此，蔡元培等人的尝试以失败告终。

关于大学院—大学区制失败的原因，解释颇多。有人认为，“大学院”这三个字不伦不类，有与国民政府并列的意味，招致攻击。也有人指出，大学区制以大学校长为大区之领导，有不重视中小学教育的嫌疑。不过，根本的要点还在于，法国的大学区是一种由上至下、整齐划一的制度设计，如果要在中国顺利开展，必须有一如拿破仑般的强势领导人以雷霆之力直接规划实施。蔡元培显然不是这样的人物。而当时的掌权者蒋介石忙着北伐，并与党内的竞争者汪精卫等争夺权力，不可能将精力花在此处。

蔡元培等人的大学院制只是在北伐初步成功到南京民国政府正式成立这段时间内的一种过渡性尝试而已。

另一方面，此时期的中国只完成了形式意义上的统一，国民政府掌控的资源有限，并即将面临日本军事力量的入侵。从这个角度看，大学区制的失败也只是个时间问题。

唐振常认为，在大学院时期，蔡元培给人较深印象的，“一是在他倡议之下，通令废止春秋祀孔……二是规定小学一律用语体文教育，中学入学考试不用文言文”，[①] 言下之意，成效不大。

不过实际上，蔡元培在任大学院院长期间的工作，其实有不少遗泽后世。最重要的当然还是成立中央研究院，并由他亲自担任第一任院长，直至逝世。“中央研究院”直到今天仍是拥有极高水准的研究机构，蔡元培在这当中的贡献并不亚于他在北京大学时期的作为。

另一些值得一提的机构建设，包括在上海设立国立音乐学院（即今天的上海音乐学院），在杭州创办西湖国立艺术院（即现在的中国美术学院）。1927年11月20日，大学院又议立紫金山观象台（即现在的紫金山天文台）。

1931 年，国立北平图书馆与由中华基金会资助成立的北平北海图书馆合并，组成新的国立北平图书馆（即现在的国家图书馆之前身）。当时书库可容书 50 万册，“瑰伟称东亚第一”。蔡元培兼任北平图书馆馆长达十年之久，其间也留下了重要的文化遗产。

① 唐振常：《蔡元培传》，上海人民出版社，2018，第 236 页。

4. 教育独立之追求

总体而言，蔡元培的教育理念是一以贯之的，那便是教育具有超越于现实政治的独立意义。在年轻时期，他已经养成了关心思想胜于时事的性格，早在 1901 年他于《创办〈外交报〉叙例》中便言道，“有思想以后有言论，有言论以后有实事，是故以思想为言论、实事之根源”。[①]1917 年，第一次世界大战正酣，中国的形势也日趋危急，蔡元培却在致汪精卫的信中指出，“吾人苟切实从教育着手，未尝不可使吾国转危为安。”[②]其格局与寻常政治家大不相同。

更为明显的，要数 1912 年，他在邀请非同党的范源濂担任教育部次长的谈话中，特别提到“教育是应当立在政潮外边的”[③]。这句话，可说是蔡元培终生的座右铭。

经过近四年赴德留学（1907—1910）之后，他的教育理念与教育哲学基本成熟。1912 年民国成立之际，蔡元培即于 2 月发表文章《对于新教育之意见》，指出所谓教育，便是“立于现象世界，而有事于实体世界者也”，[④]提出了他的教育总方针。

在这里，他直接挪用了康德关于感性世界与知性世界的区分之观点。在《道德形而上学的奠基》一书中，康德对两个世界的界定是，“前一个

---

① 高平叔编《蔡元培全集（第 1 卷）》，中华书局，1984，第 137 页。
② 高平叔编《蔡元培全集（第 3 卷）》，中华书局，1984，第 26 页。
③ 高平叔编《蔡元培全集（第 2 卷）》，中华书局，1984，第 160 页。
④ 同③书，第 133 页。

世界按照各种世界观察者里面感性的差异也可以极为不同，但作为其根据的后一个世界却始终保持为同一个世界”。[①]这也就是蔡元培所指出的，“前者相对，而后者绝对；前者范围于因果律，而后者超轶乎因果律”，前者以造成现世幸福为鹄的，而后者则以摆脱现世幸福为作用。

蔡元培的这篇文章可谓体大思精，今天读来也仍有启迪意义。他在德国莱比锡大学求学期间，研修过冯特教授的当代哲学史课程，对自康德以来的近代哲学颇有心得。蔡元培把康德对“两个世界”的划分，作为他的教育理念的基石，把教育理解为既涵括对现实世界的关注，又引导学生追求精神世界的自由。

不过蔡元培对两个世界的理解与康德并不完全相同。在康德看来，理性的作用便是将感官世界与知性世界区分开来，“知性世界包含着感官世界的根据，从而也包含着感官世界的法则的根据”。[②]换言之，经验性法则是不可靠的，理性是超越于感性的更高原则。

而蔡元培则认为，“吾人之感觉，既托于现象世界，则所谓实体者，即在现象之中，而非必灭乙而后生甲。”蔡元培把“现象”和“实体”两个世界理解为世界的一体两面，把教育的“究竟之大目的”定为实体世界之观念，而现象世界之幸福的意义，则是“达于实体观念”。他在这里显然折中调和了两个世界，将康德的纯粹哲学转化为指导实际教育工作的基本方针。

他在文章中进一步指出：“教育有二大别：曰隶属于政治者，曰超轶

① 康德：《道德形而上学的奠基》，中国人民大学出版社，2013，第 75 页。
② 康德：《道德形而上学的奠基》，中国人民大学出版社，2013，第 78 页。

乎政治者。专制时代（兼立宪而含专制性质者言之），教育家循政府之方针以标准教育，常为纯粹之隶属政治者。共和时代，教育家得立于人民之地位以定标准，乃得有超轶政治之教育。”[①]也正是出于对教育超然于政治之外的坚定信仰，蔡元培从未真正支持过那个时期风起云涌的学生运动。如果我们将民国时期的主要思想趋向简单地理解为“救亡”与“启蒙”，那蔡元培的思想显然更倾向于“启蒙”。

由此，他又提出了自己的“五育”观。在他看来，军国民主义、实利主义、公民道德教育属于现象世界，为隶属政治之教育，世界观与美育则关乎实体世界，是超轶政治之教育。他的“五育”观在后来经过调整，以“德、智、体、美”四育的形式，正式列入民国教育法则。直到今天，这仍然是中国教育观念的核心内容。

如前所述，大致以第一次世界大战为界限，蔡元培的思想在前后有所改变，但他的基本教育理念在民国初年便已成熟，变化的只是具体实施的教育制度与方针。

与不少人的看法相反，蔡元培的教育思想绝不是乌托邦式的，而是从理念到实践的环环相扣。在理念上，他强调教育之于形塑人类精神世界的根本意义，因此超越于现实政治；在实践上，他不断探索实现教育独立的方法。虽然十多年来的数次尝试都不能说成功，但蔡元培牢牢抓住了现代教育能够拥有独立性的两个根本要点：教育机构在整体政治制度中的独立性，以及教育经费的独立来源。

---

① 高平叔编《蔡元培全集（第2卷）》，中华书局，1984，第130页。

蔡元培在试办大学院—大学区的一年中，对教育体制的独立性已经作了自己的努力。而关于教育经费的独立性，或可单独一谈。因为在某种程度上，只有获得独立的经费来源，才能令教育实践免受现实政治的干扰。或者也可说，欲有学术之自由，必先有经济之自由。

蔡元培担任北京大学校长任内，经费困难一直是困扰他的主要问题之一。但这一矛盾的激化主要还在1920—1922年间。1920年7月，北京六校校长联名呈文教育部次长，提出五六两月经费仍未发放。8月和9月，他又以北大校长名义两度呈请教育部发放经费。

1921年9月回国之后，他仍为经费问题而操心。10月7日，北京八校校长联合提议，将交通部邮电铁路附加赈款改为附加教育经费。

1922年2月3日，他与各校校长联名公呈大总统、国务总理、教育部总长，希望将德国赔款充为北京的八校教育基金，以解决经费问题。2月6日，他们又联名公呈，请求将法国退还庚子赔款之半数，充作国立八校教育基金。

经费问题到了3月已经成为影响学校生存的头等大事。3月4日、6日、13日、16日、17日、27日，各校校长联名近十次公呈大总统及教育部等，提请拨发经费。

1922年4月，情况似已无可挽回，26日，北京各校校长联名致函教育部部长称，如不能在当月30日之前将积欠经费发清，即提出总辞职。

到1922年8月与9月，情况仍未改善，八校校长又连续五次提出总辞职，并于9月11日直接辞职。同日，蔡元培单独登报发表启事，表明与北京大学脱离关系，校务则由蒋梦麟代理。

最终，由于政府拨给两个月的经费，八校校长在9月21日同意复职。

校长罢工事件才告一段落。当然，经费问题在之后几年仍然一直存在，蒋梦麟在 1925 年为北大毕业同学录序时还特别提到，在近两年，“政府欠发校款，竟积至十二个月以上，物质上的痛苦，真一言难尽”。[①]

这段时间，正是直皖战争与第一次直奉战争时期。北京政府的权力被直系和奉系瓜分。徐世昌是名义上的大总统，但只是虚职。派系战争导致军费激增和财政收入减少，这是政府无法拨款的直接原因。据言至 1921 年 11 月，共欠各项军政费用达 14573 万余元，而政府的可能收入只有 400 余万元，到了 1923 年，欠款累计已经超过 2 亿元。[②] 甚至教育部内部，也因欠薪而进行过罢工。“五四”事件之后，北京政府与大学之间的关系变得紧张和冲突，则是潜在的诱因。另一方面，当时北京的各高校经费极度依赖于中央预算，其他方面收入不多，也是一个问题。

正因为有这一经历，教育经费的来源问题在之后成了蔡元培的关注重点之一。1921 年 5 月 7 日，他在访问英国大学委员会主席时，询问英国大学的状况。日记中记载，英国“政府为提倡理工教育及整理全国大学起见，特定补助地方大学之制，凡地方对于某一大学出经费若干者，中央亦出费若干以补助之”。至于来源，“则于每种税一磅上加一便士之附加税以充之”。[③]6 月起，他到美国访问各地的教育局，同样仔细询问相关经费问题。

任大学院院长不久，他便向国民党中央政治会议提交议案，以江浙渔

---

① 蒋梦麟：《过渡时代之思想与教育》，知识产权出版社，2018，第 255 页。
② 来新夏等：《北洋军阀史》，东方出版中心，2011，第 656、677 页。
③ 王世儒编《蔡元培年谱新编（上卷）》，北京大学出版社，2019，第 438 页。

税“充中央研究院、劳动大学经费”。1928 年 2 月，蔡元培等人又提议以俄英退还庚子赔款拨充教育基金。

1927 年 10 月，蔡元培正式提议附加煤油特税以充教育经费。附加率为每税一元附加一角五分。附加款项则以“三分之二为中央直辖教育机关经费，三分之一为地方教育经费”。

1927 年 12 月，孙科与蔡元培两人具名提案，要求教育经费独立，并获得通过。1928 年 1 月，蔡元培以大学院院长名义通令各省，“各省学校专款及各种教育附税，及一切教育收入，永远悉数拨归教育机关保管，实行教育会计独立制度”。[①]

蔡元培原来的设想或许是由大学院直接获取捐税，不过这在实务上就需要一支专门的税务队伍，显然存在问题。因此，同年 2 月 9 日，蔡元培主持大学院大学委员会第四次会议，又提出由“财政机关征收，指定为教育用途”。[②]

大学院改组为教育部之后，蔡元培的这些构想自然也归于空谈。大学教育经费的分配问题在南京国民政府时期仍然不时涌现，且尽管大学数量和规模在 20 世纪 30 年代初期有所发展，但还是极为不足。1933 年全国大学毕业生数量只有 7311 人，在所有中国人中，大学生的比重还不到万分之一。[③] 从根本上，问题当然依旧是归于经费。不过另一方面，在民国时期，包括蔡元培在内的教育家都将大学视为学术文化精英的培育场所，或

---

① 王世儒编《蔡元培年谱新编（下卷）》，北京大学出版社，2019，第 701 页。

② 同①书，第 712 页。

③ 参阅，费正清、费维恺编《剑桥中华民国史（下卷）》，中国社会科学出版社，1994，第 8 章。

许也是障碍之所在。

蔡元培在后期已经认识到第一次世界大战后高等教育普及化的国际方向与趋势，他在担任大学院院长时提出建立国立劳动大学，也与普及高等教育的愿望相关。但他并无机会和时间在这方面作更多的尝试。

5. 介尔昭明

我去过不少次北大，但从未在蔡元培像旁停留过。这次到了象山东门岛，反而有机会于蔡元培塑像前端详一番。

若说这半身石像做得多么传神，倒也谈不上。但在这偏僻的海岛角落，能看到如此文气的人造物，下面又刻着蔡元培书写的题词："出其东门，介尔昭明"，确实特别显眼，甚至可以说稍显突兀。我又不免联想到，蔡元培最终埋骨于另一座以交汇中西文化而闻名的海岛——香港，倒也符合他迎新但不除旧的学术文化取向。

蔡元培一生秉持兼容并包的态度，拥有跨越党派和阶级的影响力。他的学生邵力子评价他的人生精神是"无所不容，有所不为"，还是相当传神的。

在个人生活上，他极少为自己考虑，直到 70 岁，还未购置房产。蒋梦麟、胡适等人为首发起号召，募集资金购了一套房子送给蔡元培，作为他 70 岁大寿的礼物，供他作住家藏书所用。不过就是这样一套自住房，他也没怎么使用过。1937 年 11 月，蔡元培便由上海赴香港，继续租房，住在九龙柯士甸道，并终老于此。

他以文人之身报国，不以政治为志业。他的长年追随者蒋梦麟认为，蔡先生的中国学问根柢相当广阔，再加上西学的造诣，“融会贯通，兼收并蓄，蔚为通儒”，在“中国学术史和教育史上的地位，可算是承先启后”，这是相当公允的看法。

不过对曾接触过蔡元培的同时代人而言，他们对蔡氏最深的印象，往往还是他那超然于事物之外的个人修养。曾任《中央日报》首任社长的程沧波，在 1931 年国民党宁粤会谈时追随蔡元培左右，他后来回忆说：蔡先生“是超现实的，宁粤相争，尽管闹得满天星斗，但他处之泰然。这段时间，我跟蔡先生接触很多，不但白天有接触，晚上也常到他那里。他很少谈和谈的事，也不谈现实的问题，他很超然，眼光看得很远，仍然是谈教育，谈思想，谈文化”。①

“介尔昭明”这四个字，用来形容蔡元培本人，也是妥当的。

① 王云五、罗家伦：《民国三大校长》，岳麓书社，2015，第 55-56 页。

第五章

回望蒋梦麟

在写完关于蔡元培的小文后，我又不禁关心起另一位北大校长——蒋梦麟。一方面是因为蔡元培的相关文献中牵涉蒋梦麟的实在不少，另一方面也因为他是我的同乡，余姚黄家埠镇蒋村人。

虽然蒋梦麟任职北大校长近 17 年，是历来担任这一职务时间最长的校长，尤其对北大在 20 世纪 30 年代这一特殊时期维持学术品质与学术自由风气起到过关键作用，但关于他的面目和个人思想却是模糊的，很少有人能说得清楚。这固然是由于蒋梦麟一生著述不多，仅有的少量文章也不像蔡元培那样坦露心迹，同时也跟他在 1949 年之后迁居台湾有关。

2023 年春节之后，我驱车去往蒋梦麟故居处，在附近兜了相当一段圈子，才终于找到正确地点。互联网上列出的地址都为华家村前蒋村，实际上的正确地址是华家村后蒋自然村 65 号。一字之差，费了我不少时间。

蒋梦麟像

蒋梦麟故居

他在《西潮》中说，“我童年时代的蒋村，离杭州湾约有 20 里之遥。”蒋村位于余姚县城北 20 多公里处，就在绍兴上虞旁边，离杭州湾确实不远。他出生时的蒋村属于兰风乡，民国后改名为兰塘乡。1986 年，兰塘乡改设为黄家埠镇。

他又回忆道："我们村上只有 60 来户人家，人口约 300 人，是个很小的村庄。它的三面环绕着河汊，南面是一条石板路，通往邻近的村庄和城镇。"[①]今天，蒋村周边环境也没什么大变化，仍然是三面环河，只是石板路修了一下，方便汽车通行。现在的村子门口便是县道，交通算是便利。

蒋梦麟的家境相当良好，他自称出生在小村庄里的小康之家，实际上说是大富之家也不为过。他的父亲蒋怀清是上海几家钱庄的股东，有几万两银子的资产，老家还有数百亩良田，可以说衣食无缺。

原来他们家是三进的大院，还有前后院落，是当地的大户。现在进入他的故居，保留的是其中最后一进平屋，院子中间便立着蒋梦麟的雕像，屋子里面还有蒋家的后人居住着。

在他所写的《西潮》中，提到至少有两次回到故乡的经历。其中一次是 1917 年他学成归国后，坐火车回到老家。他写道，他们到余姚后，越过了一座大石桥，名为武胜桥。接着他们便跑进了院子，见到了父亲，并在家里住了一星期。

本地人一般称武胜桥为武胜门桥，离余姚火车站不远。此桥桥长不过 30 余米，但初建时间颇早，大约在东汉年间，后又几次重建，最近的一次是在民国时期，现已被列为余姚市级文物保护单位。按他的描述，当时他们应该是住在余姚城里。

他在书中又提到，他和姐姐在 15 年前创办的一所学校已经改为女子学校。这里所指的应该是由他父亲蒋怀清等人创设，并于 1904 年成立的

① 蒋梦麟：《西潮与新潮》，浙江大学出版社，2019，第 18 页。

余姚师范讲习所，校址在老的“试院”（即孔庙），1917 年改为县立女子学校。余姚在 1908 年也建了一所县立女子学堂，与他所说的女子学校不是同一所。

武胜桥

除了余姚师范讲习所，1902 年，蒋怀清等人还在家乡旁的汝湖共同创立了三乡诚意高等小学堂。据介绍此学堂是浙江省第一所新式私立高等小学，在百年中经历了无数次变迁，最终改名为今天的泗门镇中心小学。

1908 年，谢宝书等人在汝湖畔创办了汝湖初等农业学堂，民国初年改为县立乙种农业学校，是余姚第一所职业技术学校，也获得了蒋怀清的资助。

这两所学校虽然规模不大，在当地的教育史上却颇有意义。1906 年，清末举人，当时在诚意高等小学堂教书的谢葆濂为学校的地理、历史二科编写了《余姚乡土地理历史合编》一书。书的篇幅不大，立意却不小，作者在书的序中云：“奏定学堂章程于初等小学地理历史二科，均注意乡土，非惟为保存国粹记，其亦有见于气锐者之多疏，而使由近及远乎。”

1913 年，蔡元培通过他弟弟元鼎得知汝湖农业学堂之事，深感敬佩。他认为，"共和国民以自治为天职，故多致力于实业若学理，而厌薄官僚"[①]，而农业学校，正是"应用学理以改良实业"的典范。可民国初立，有知识者却仍然多以投身政界为荣。故蔡元培特意作文为记，"既佩谢君及诸同志创始之劳，而且愿闻其风者之兴起也"。

县立乙种农业学校遗址

我去汝湖边上寻访县立乙种农业学校的遗址，当地人却称之为"汝湖小学"。所能看到的也只有废弃的校舍，紧闭的校门口残留着"余姚市泗门镇职业技术学校"的字样，想来此地还曾被改建为技校。校门前尚存有记载校志的石碑一块，由当时的余姚县知事陈国材所撰。

蒋梦麟于 1897 年赴绍兴中西学堂读了两年书。蔡元培是在第二年回

① 蔡元培：《高平叔、蔡元培教育文选》，人民教育出版社，1980，第 102 页。

到绍兴，任绍兴中西学堂总理（校长），与蒋梦麟有些交流。蒋梦麟在蔡元培过世之后所写的纪念文章中提到，他在中西学堂第一次受蔡元培的课，学的是反切。[①] 不过这段时间不长，当时蒋梦麟的学问程度也就是小学水准，他作为蔡元培的学生，更多是名义上的。

1899 年，蒋梦麟跟随家人搬到上海住了两年，接着又迁到余姚城里，“在余姚县里的一所学校里念英文和算术”。当时余姚已经有了几所小学堂，如果说在县里面办的较出名的，便是叶秉钧所创办的官立高等县学堂（即今天的余姚市东风小学），以及史翊经所办的官立初等县学堂。当时蒋梦麟已经 15 岁，从家境和学历来推想，入读的自然是官立高等县学堂。

一年之后，他又来到杭州，先在一所教会学校学习，再进入浙江高等学堂读书。1904 年，他参加上海南洋公学的入学考试并被录取，接受较为正规的西式教育。四年之后，他去杭州参加浙江省官费留美考试，未被相关学校录取。

那一年是浙江省第一次举办官费留学欧美的考试，难度不小，总共只录取了 20 人。[②] 按沈尹默的说法，蒋梦麟之所以能去美国受教育，还是获得了黄炎培的帮助。但这个说法没有什么依据，南洋公学的留学人数不少，学校应该已经有与欧美大学交流的直接渠道。当然，蒋梦麟家的殷实也让他有能力自费读书，他向父亲拿了几千块钱，便去加利福尼亚读书。

1915 年黄炎培赴旧金山考察教育行政，与当时在哥伦比亚大学攻读博

① 蒋梦麟：《西潮与新潮》，浙江大学出版社，2019，第 300 页。

② 孙慧、王俊贤：《近代绍兴留学教育的发展与影响》，《白城师范学院学报》2018 年第 32 卷第 7 期，第 65 页。

士学位的蒋梦麟相识。黄炎培在美期间，蒋梦麟陪同他参观了各所学校，考察了美国职业教育、技能教育的状况，二人关系相当好，黄炎培评价蒋梦麟道，“蒋君者，留古仑比亚大学习教育，以明锐之头脑，用深邃之功夫，明春且毕业，得博士学位以归，余将藉是介蒋君于吾教育界也。”[①]黄炎培那时便对蒋梦麟赋予重任，请他考察美国公立第六十四小学在预备职业方面的具体情况。[②]这为蒋归国之后在商务印书馆和江苏教育会系统的工作奠定了基础。

1. 襄助蔡元培

蒋梦麟在美国期间，显然也与北京教育界尤其是蔡元培保持着某种联系。据沈尹默回忆，“蔡先生到北大后，增设教育系，在评议会提出，聘蒋梦麟为教育系主任，大家同意，就打电报到美国去，要蒋梦麟回来”。[③]不过，此事最终由于黄炎培的反对而作罢。

蒋梦麟于1917年回到上海，先在郭秉文与黄炎培的推荐下入职于商务印书馆，第二年又转到黄炎培所主持的江苏教育会工作，接着又在1918年夏天担任同为黄炎培主导的中华职业教育社的专职总书记。[④]1918年6月，蒋梦麟与黄炎培赴东三省调查教育状况，历时两月，同时他还参与了中华职业学校的创办。[⑤]

---

① 谢长法：《教育家黄炎培研究》，山东人民出版社，2015，第42页。

② 马勇：《蒋梦麟传》，红旗出版社，2009，第77页。

③ 陈平原、郑勇编《追忆蔡元培》，生活·读书·新知三联书店，2009，第112页。

④ 同②书，第87页。

⑤ 同①书，第4章。

蒋刚回中国时，大概由于彼时留美博士尚不多，还算新鲜，所以他经常受邀去各地演讲。他回忆说，“那时我的言论大概都是讲西洋文化的根源并和中国比较”。[①]

在这一时期，他所做的另一重要工作则是创办了《新教育》杂志，并担任主编近四年。该刊可以说是民国早期教育思想争鸣的一个重要平台，蔡元培、李石曾等及蒋梦麟本人都在这上面发表过关于自己教育理念的文章，对民国的教育政策有过重大影响。

蒋梦麟转入北大之后，与黄炎培仍然保持着工作关系。黄炎培后来在一些工作中，还是拉上了蒋梦麟。其中较为重要的，要数创办东南大学。

1920 年 4 月，南京高师的校长郭秉文提议将南京高师改办为东南大学。民国时期的东南地区一般指江苏、浙江、安徽、江西、福建五省，当时还没有一所国立大学。1920 年 9 月 25 日，包括黄炎培、郭秉文、蔡元培、蒋梦麟在内的十人联名上书教育部，拟建立“南京大学，以宏造就”。同日，黄炎培、蒋梦麟、郭秉文一同赴京，谒见教育总长范源濂，说明建校的理由与计划。当年 12 月，北京政府正式通过了修改后的计划书，并很快成立“国立东南大学筹备处”。[②]

在蒋梦麟后来所写的文章中，极少提到黄炎培对他这段时期的影响与帮助，倒是大书特书他与孙中山的良好关系，将孙中山视为自己的良师益友。这当中的原因，应该与黄炎培作为当时东南教育界的领袖，与北方教

① 马勇、黄令坦编《中国近代思想家文库：蒋梦麟卷》，中国人民大学出版社，2018，第 121 页。

② 谢长法：《教育家黄炎培研究》，山东人民出版社，2015，第 5 章。

育界存在矛盾，以及黄炎培并非隶属国民党体系，政见与国民党不同，在南京国民政府成立之后被不断边缘化有一定关系。从中也可见，蒋梦麟的为人，与蔡元培那种“无所不包”的人格，还是有着不小差异。

相应地，黄炎培在回忆录中也没有提到他与蒋梦麟的关系，而是将蒋梦麟等人以江苏教育会内的“亲美派”概称之。他甚至讽刺说：“有一部分人以胡适为首，带着杜威的学说和精神，到北京活动，不久也就烟消云灭了。”①

在助力创办东南大学之外，蔡元培、蒋梦麟等人也曾有过建立杭州大学的构想。1923 年，浙江省想要建立一所自己的大学，邀请蔡元培、陈大齐、蒋梦麟等人参与。他们于 3 月联名提交了一份关于筹办杭州大学的建议。不过此事并无下文，浙江大学的正式成立，要到北伐之后的 1927 年。

蒋梦麟进入北大，则完全是机缘巧合。“五四”之后，蔡元培辞去北大校长职务，先抵天津，再避居于杭州。此后则产生了一段如何“运作”蔡元培复职北大的故事。在这期间，蒋梦麟居功其伟，不但参与“运作”蔡元培回到北京，也让自己代为蔡元培主持了一段校务工作，从此走入了北大这个“大旋涡”。

蒋梦麟尽管也可算蔡元培的学生，但毕竟多年来没有直接交往。蔡元培为何不在北大诸教授中选择，而由从未在北大工作过的蒋梦麟来代行校务，这确实是一件值得探究之事，因为这在很大程度上改变了蒋梦麟的人生轨迹。

---

① 黄炎培：《八十年来》，文汇出版社，2000，第 121 页。

就运作蔡元培回北大的最终操盘手而言，当然是对蔡元培颇有影响力，且极富政治手腕的汤尔和起的作用最大。但是汤尔和之前与蒋梦麟也没有什么交往，那为什么最终是请蒋梦麟“代行校务”呢?

教育部一开始试图以马其昶接替蔡元培任北大校长，但遭到北京高等教育界的激烈反应，不得不改为挽留蔡元培。经过身处上海的黄炎培、蒋梦麟等人的周旋，蔡元培略有同意复职的表示。但到了6月初，随着“六三”运动的展开，政府与学生的关系更趋紧张。北京政府又批准蔡元培辞职，并以胡仁源继任。这一任命同样遭到北京教育界的公开反对。同时，上海工商学各界也掀起了支援学生的“三罢”斗争。

蔡元培于5月16日来到上海，之后与蒋梦麟的关系变得密切起来。他在日记中记道，5月18日，与蒋梦麟、黄炎培商量发电给总统、总理和教育总长，表示如政府原谅学生行为，可“勉任维持”北大校长。这是他第一次表达愿意复职。

5月21日，蔡元培又从上海回到杭州，此后，他几乎每日与蒋梦麟书信往来，内容显然是商议他是否以及如何回到北大。这段时间的交往，对他最终选择蒋梦麟替他主持校务，似乎起了决定性的作用。

在促成蔡元培回北大的过程中，着力最多的是汤尔和与蒋梦麟，还有一位隐而不显的人物则是胡适，其他人虽然也用了不少力，但都处在边缘位置。

蔡元培与北京政府之间有数次函件来往，在6月20日复电国务院、教育部时，仍然表明要辞职。之后，北京教育界代表、北大学生代表以及教育部代表纷纷南下与蔡元培会晤，目的当然是敦请蔡元培回京。

6月27日，蔡元培致信蒋梦麟，并将胡适于6月22日给他写的信也转给蒋。第二天，蒋梦麟便给胡适写信，表明蔡已经有了回京的意愿，并把蔡给他的信件内容摘录部分给胡适，劝胡适等不要着急。

蔡元培将胡适的信转给蒋梦麟，显然是要请蒋代为疏通，因为胡适在这封信中对蔡元培不肯回京作了批评，并表示要离开北大。这也说明，此时的蔡元培对蒋梦麟的处事能力已经相当有信心，将他视为自己的得力助手。

蔡元培对胡适的来信指责显然有所触动，或许也担心胡适真的离开北大，所以在7月5日又亲自回信，告知胡适"请先生照原约办事，弟负完全责任"，并望他"仍在大学实施教育，这是弟所最盼望的"。[①]此时，蔡元培还未将话说死，表明自己一定回北大，但所谓"负完全责任"一说，其实也已经向胡适透了底。

汤尔和于6月29日抵达杭州，并与蔡元培会晤，向蔡提出了回京的具体方案，"鹤公有言必听"。胡适摘抄汤尔和日记时作注云："其（指汤尔和）自喜可想！"

7月9日，蔡元培回信给主持教育部的傅岳棻，表明"暂存维持，共图补救"，正式同意复职北大，又说病体未愈，希望"宽以时日"，这显然是得到了汤尔和的指点。[②]同一天，他又致信全国学生联合会等，说明同意复职，但又希望学生"有所觉悟"，这当然是指学生不要在"学潮"方面越走越远，而要尽早复课。

剩下的便是如何请蒋梦麟暂代校务一事了。7月10日，汤尔和出面与

---

① 王世儒编《蔡元培年谱新编（上卷）》，北京大学出版社，2019，第356-358页。
② 高平叔编《蔡元培全集（第3卷）》，中华书局，1984，第332页。

蒋谈及“遣代”问题，并说蒋可半年留京，半年在沪，“梦兄颇以为然”，工作已经做通。值得注意的是，大总统徐世昌也正是在这一天通电全国，说明中国代表拒签《凡尔赛和约》。

7月14日，汤尔和又与蔡元培谈代理问题，并将中间的流程事项“一一疏解，鹤公恍然，遂定议”。汤尔和接着与蒋梦麟在21日一起回到北京，先与教育部商谈，获得赞同，此事基本定局。如没有汤尔和从中穿针引线，蒋梦麟不一定能够如此顺利地进入北大，代行校务。胡适说汤尔和在这件事上立了大功，当然是对的。

对蔡元培来说，他之所以迟迟不愿回京复职，原因无非有二。一是他确实身体不好，但这更多是借口。当年8月9日，他得了感冒，口占一首七律：“托病居然引到真，旧疴未尽更增新”，自己也承认是“托病”。最主要原因则是“五四”之后，北京学生运动并未消减，全国学生也一直处于罢课风潮的阴影中。如果他径直回京，学生却不复课，复职北大校长的意义又在哪里？

因此，汤尔和与他所谋定的计划自然是，同意回北大复职，却不直接回京，要等到学生运动告一段落，再行履职。可以说，蔡元培是希望以自己在全国教育界的崇高声望，在政府与学生之间寻求共识，弭平学运事端。

在同意复职之后，蔡元培又于7月21日致电全国学生联合会，希望全国学生联合会通告全国学生，“一律上课，以慰国民之望”。紧接着，他于7月23日再发文《告北大学生暨全国学生书》，内容仍然是恳请学生“恢复原状”，“钻研学术”。“自今以后，愿与诸君共同尽萃学术，使大学为最高文化中心，定吾国文明前途百年大计”，真可说是苦口婆心了。

可以得出结论，蔡元培之所以请蒋梦麟代行校务两个月，并非出于其他人的建议，而是通过与蒋的近月往来，对其极为欣赏，力图请他加盟北大，作为自己的左右手。汤尔和 6 月 29 日才到杭州，之前与蒋梦麟并不相熟，未必敢提议将代行北大校务的重责交与一年轻人。7 月 26 日，汤尔和在日记中记载，“梦兄来，某所以赞同者，实以学生心理梦兄深知，其学问手腕足以服人”。[①] 既然他是“赞同”的，那提出者自然还是蔡元培本人了。

而此一“代行”，其目的似不在于工作本身，因为两个月的“代校长”，也不可能做成什么事情，最多只是做点安抚学生的工作。当时北大已有温宗禹教授暂代校务，再做两个月又有何妨，为何一定要让蒋梦麟先行北上？蔡元培或者在背后指点的汤尔和的想法也许是，通过这一行动，为蒋梦麟在北大未来的发展先造下“钦差大臣”的声势。

马勇在分析蔡元培为何选择蒋梦麟代他主持工作时，还列举了几个可能的原因：1. 蒋梦麟是蔡元培的学生和同乡；2. 蒋梦麟在上海办《新教育》月刊，其方针与蔡元培的教育理念一致；3. 孙中山很欣赏蒋梦麟。[②]

稍作分析的话，可以认为这些原因都不成立，或者说显然不是主要原因。蒋梦麟作为蔡元培学生的说法，实在是很牵强，至多只能说蒋是受过一点课的学生。他所办的《新教育》杂志，当时创办时间不算太长，不至于令得蔡元培以校务相托。至于说孙中山欣赏蒋梦麟，这或许是事实，但孙中山是否曾直接介入此事，对此并没有什么可靠的证据。当时的孙中山，

---

① 中国社会科学院近代史研究所编《胡适来往书信选》，社会科学文献出版社，2013，第 603 页。

② 马勇：《蒋梦麟传》，红旗出版社，2009，第 177–178 页。

正在上海致力于《建国方略》的写作，应该并无关心此事的太多理由。

蒋梦麟著文相当谨慎，对他所亲历的不少事都言之不详，甚至可以说虚掩其事。比如在“五四”事件之后代蔡元培行校务一事上，他的回忆是蔡元培要他这么做的，而这显然不是事实的全部。在蔡元培跟他谈话，希望他暂代北大校务之前，汤尔和已经跟他谈过此事。由于写作《西潮》时，汤已经落水成为汉奸，他不便提到这一节，倒是可以想象。

蒋梦麟在同意代蔡元培行校务之后，提出两点：1. 只代表蔡元培个人，而不是校长；2. 仅为蔡之督印者。从这两点要求来看，蒋梦麟确实是一个深谙处世之道的能吏，懂得如何以退为进和放低身段。到北大之后不过数日，蒋梦麟便要处理被拘学生的问题，汤尔和在 7 月 30 日的日记中载道，蒋梦麟“一切均措置得宜，余极称之……其发挥力诚足使人起敬也”。[①]

蔡元培复职北大校长之后，蒋梦麟受命通盘计划，设立总务处，并担任总务长一职。蒋梦麟开始施展出他的行政才干，主导完成了《国立北京大学内部组织试行章程》，并于当年 12 月开始试行。

这一份《内部组织试行章程》的特点是对北大内部的管理系统进行了全面梳理，将北大的权力体系分解为校长、评议会、行政系统、教务系统、总务系统几个部分，对权力的来源与限制作了较为精细的划分，可以说是一份详尽而严谨的管理方案。同时，此份章程仍保留了蔡元培所主张的教授治校原则，因为其中最为重要的岗位，包括评议员、各行政委员

① 中国社会科学院近代史研究所编《胡适来往书信选》，社会科学文献出版社，2013，第 602-603 页。

长、教务长、总务长等，均规定由教授担任。

蒋梦麟与北大师生及教育部的关系都相当好，他的行政能力显然也受到普遍好评。因此当1923年，蔡元培又一次提请辞去北大校长并赴欧游学时，北大内部和北京政府教育部都同意由蒋梦麟来代理校长一职。

由于蔡元培此后并未再回到北大主持校务，可以说蒋梦麟从那个时候起便已经是北大的主心骨。一位原本与北大毫无渊源的外人，在短短几年内便成为政府与北大师生都可接受的校务主持者。

2. 独掌北大

1930年12月，蒋梦麟辞去担任了两年的教育部部长一职，南京国民政府立即任命他为北京大学校长。北大从此正式进入蒋梦麟时代。

北伐以来，北大的教授们为了躲避乱局，纷纷南下，自然使得学校的实力大为受损。林语堂当时在厦门大学，曾经回忆说，北大“名教授如沈兼士、顾颉刚、鲁迅、张星烺、陈万里等都跑到厦大来，略有北大南迁的景象”。[①]

1928年北伐成功，北京改名为北平。李石曾力主在北平试行大学区制度，也就是将京津冀地区的大学整合起来，建成一所巨无霸式的国立北平大学。北京大学原有的三个学院变身为北平大学的文学院、理学院和社会科学院，地位更是一落千丈，成为一所分校，连校名也差点儿没了，一度

---

① 陈平原、郑勇编《追忆蔡元培》，生活·读书·新知三联书店，2009，第262页。

更名为北平大学北大分校。

尽管此项宏大计划因为各校的激烈反对，不到一年便告失败，但随着北京首都地位的不保，所有华北地区的国立大学在人力和资源方面都存在迅速往东南流失的困难，其中尤以北京大学最为困难。

这里面的关键原因，当然还是经费不足。蒋梦麟刚上任时的北大，学校赤字惊人，每年的收入大约只有清华大学的六分之一，甚至还不到刚成立的浙江大学的三分之一，可说处在生死存亡的边缘。[①]

为应对此危机，蒋梦麟首先考虑的自然还是如何扩充经费，以招揽名士。1931 年 1 月，中华教育文化基金会（以下简称中华基金会）召开第五次常会。会上，由胡适、傅斯年等人牵头提出方案，中华基金会董事会同意到 1935 年为止，每年提供国币 20 万（也就是总额 100 万），资助北京大学，主要用于招聘北大研究教授，及扩充图书等各种资源。在实际执行中，1934 年以后的资助金额改为了每年 10 万，一直到 1937 年。

蒋梦麟晚年在台湾时回忆道，“九一八事变后，北平正在多事之秋，我的‘参谋’就是适之和孟真两位。……北大在北伐成功以后之复兴，他们两位的功劳，实在太大了。”[②]胡适和傅斯年两人对这个时期的北大的帮助当然是多方面的，而获得中华基金会的这笔专项拨款，则是毫无疑义的第一件功劳。

---

① 参阅，崔德胜：《胡适与中华教育文化基金董事会研究》，硕士学位论文，南京大学，2016。

② 马勇、黄令坦编《中国近代思想家文库：蒋梦麟卷》，中国人民大学出版社，2018，第 121 页。

在此之前，北大也受到中华基金会的资助，但额度较少。此次大额定期拨款，令北大重新拥有了较为充沛的经费，合聘了一批中外顶尖教授，包括丁文江、李四光、赵乃抟、周作人、徐志摩、汤用彤、梁实秋、叶公超、饶毓泰、江泽涵等人。

中华基金会成立于1924年，主要管理美国所退还的庚子赔款，设中方董事十人，美方董事五人。蒋梦麟是中华基金会的创始董事，1945—1949年间还担任了基金会的董事长。1927年基金会改组时，又改选蔡元培与胡适两人为董事，在十人中方董事中，北大有三。

到了1928年，南京国民政府成立，进一步改革中华基金会。此次改组以蔡元培为主导，并在1929年1月3日召开中华基金会第三次常会，由他本人担任董事长，美方代表孟禄担任副董事长。

在北大面临困难之际，中华基金会的支持是北大得以“中兴”的重要后援。而这一支持能够实现，当然是因为蔡元培、胡适、蒋梦麟等人在基金会拥有重要影响力。

中华基金会针对北大的专项特别支持也引起了不少教育界人士的非议，将其视为北大小圈子的私相授受。不过以北京大学在中国高等教育界所具有的独特历史地位，以及中华基金会创立时所拟订的资助已有成效之教育机关的原则，此一补助很难用“权谋”来批评。如果说中华基金会对北大的专项补助是“不公”的，那么中央大学当时的岁入近十倍于北京大学，又公平在何处呢?

蒋梦麟执掌北大之后，根据他在任教育部长期间拟订的《大学组织法》，对北大的组织体系又作了一次大的调整。学校体制改为设校长一人；

原来的评议会改为校务会议，另设行政会议；教学方面则设立教务会议；总务处改为秘书处，秘书长由校长聘任，负责全校的行政事务。调整之后，校长的权力大幅增加，校务工作基本由校长来决定。这一系列机制调整的目的是将北大从蔡元培所提倡的“教授治校”，转变为他本人所提出的“教授治学，校长治校”原则。

同时学校改为采用学院制，整个北大设立为文、法、理三个学院，下设十四个学系。在院系的具体设置方面，最为重要的变化是院长改由校长直接聘任。大约而言，改组之后的北大，行政事务与人事权均归于校长，教学权则由教授来分享。较之蔡元培时期的理想化方法，蒋梦麟时代的北大在管理上显然更为务实与高效。

蒋梦麟对北大的另一长远贡献则是将北大图书部改立为北大图书馆，由校长直接管理，另外还专设图书委员会，定期讨论重大事项。学校又收购了松公府遗址（原满族大臣傅恒的宅邸），用于建设新馆及学校宿舍。新馆于 1934 年修建，1935 年 8 月完工，建筑费用主要也从中华基金会的专项资金中提取，当时由蒋梦麟本人兼任图书馆馆长。[1]新图书馆建成后，内有藏书超过 25 万册，对北大的学术研究起到了基础性支持作用。

3. 联大时期

1937 年，北京大学、清华大学和南开大学三校先迁至长沙，当时命名

① 郭松年：《北京大学图书馆历史沿革》，《北京大学学报（哲学社会科学版）》，1982 年第 3 期。

为“长沙临时大学”，再西迁往昆明。为此事，蒋梦麟先找了当时的教育部部长陈立夫，再见蒋介石本人，主张迁往昆明，因为“那里可以经滇越铁路与海运衔接”[①]，获得了蒋介石的同意。1938年正月，三校便将材料装箱，搬往昆明，师生也陆续往昆明而去。

1938 年 5 月，联大正式开课，共有学生 1300 人左右，之后规模不断扩大。到了 1939 年 9 月，学生人数已经达到 3000 人，教职员工则有 500 人左右。[②]

抗战时期西迁昆明而组成的联大，在相当艰苦的经济条件和时不时的敌机轰炸下继续办学，且仍旧招收研究生，致力学术，确实可谓教育史上的一个奇迹。然而，也不必过分夸大西南联大取得的成就，毕竟联大时期所培养的人才本就来自原来的三所学校。中国的高等教育在 1927—1937 年间有了长足的发展，开花结果是当然之事。若没有侵华战争，三校必然能培养出更多的人才。西南联大不到十年的历史，之所以被一直歌颂至今，并不是因为它所达致的学术成就，而是由于它代表了一种已经逝去的理想，如为西南联大作传的易社强教授所言，“在中国学术自由的传统上，联大既是其成就的高峰，又是它急剧衰落的预兆”。[③]

实际上，西南联大由于战时仓促组合，行政效率低下，对此当事教授们是心知肚明，并时常有所表露。尤其是北大方面，不少教授希望能够改为独立预算和独立办学，也就是分校。蒋梦麟当然了解这一点，不过出于

① 蒋梦麟：《西潮与新潮》，浙江大学出版社，2019，第 208 页。

② 蒋梦麟：《西潮与新潮》，浙江大学出版社，2019，第 213-214 页。

③ 易社强：《战争与革命中的西南联大》，传记文学出版社，2010，第 382 页。

维持三校联合的大局，不愿多加解释而已。1940 年 12 月 7 日，蒋梦麟召集北大各院长、主任茶话，“决议恢复校务会议”，也是为了提升行政效率，并安抚教授们的不满。

梅祖彦认为，在联大时期，由于张伯苓和蒋梦麟常在重庆，而且有其他职务在身，“主持西南联大校务工作实际上落到先父梅贻琦校长一人肩上”，[①]似乎有不少人赞同这一观点。可这个说法并不确切，至少在1942年以前，蒋梦麟的其他兼职工作并不多，他的主要精力和时间都用在西南联大上，参加校务会议相当频繁，为联大所作的贡献并不小。

钱穆在晚年所写的《八十忆双亲：师友杂忆》中回忆说，当时“南开校长张伯苓及北大校长均留重庆，惟清华校长梅贻琦常川驻昆明”[②]。钱穆晚年的回忆有不少张冠李戴之处，他还提到与他同赴路南旅游的李埏为“云南大学教授”，实际上李埏当时只在大理师范学院任教，且很快便入西南联大攻读研究生，所谓“云南大学教授”之说，显然同样是记忆模糊所致。

梅贻琦确实是联大校内事务的核心人物，当中的主要原因还是，清华在规模和经费上都要远超过其他两校，由清华校长来主导学校管理是更为妥当的。1942 年 7 月，蒋梦麟在北大校务会议上发言，指联合大学的成功，多在于北大之容忍退让。据郑天挺日记，他的发言“甚长甚动人，在场莫不满意”。

西南联大的前期，由于南开校长张伯苓常驻重庆，蒋梦麟与梅贻琦在昆明时常碰面。两人相处算默契，梅贻琦尊重蒋梦麟，在日记中时称他为

---

① 梅贻琦：《梅贻琦西南联大日记》，中华书局，2018，第 300 页。
② 钱穆：《八十忆双亲：师友杂忆》，九州出版社，2017，第 167 页。

蒋公。每次联大正式开会之前，两人常常先开个小会，敲定问题。开会之余，两人又经常一起与学校教授及家属们聚餐，并共同出面会见来访的党、政、军要员和外国代表。

作为两校的校长，代表各自利益，自然也会遇到矛盾与冲突，最为明显的便是 1941 年蒋梦麟向教育部商要经费问题。三校之中，清华有庚款基金，南开则是自有经费，作为一所国立大学，北大在经费方面最为紧张。

1941 年 4 月，蒋梦麟拟向教育部提出草案，从清华基金中拨取一部分补助联大。梅贻琦得知后，在日记中称“极为不安，不知应如何对付也”。4 月 24 日，清华又内部开会商议教育部所提出的清华借款 50 万补助联大一事。梅贻琦称清华其他教授“惟对于蒋公之做法多感愤慨耳”。不过商议下来，清华还是同意了借款一事，只是要求款项由三校按原比例共同分配。[①] 但实际上，后来北大方面并不愿意接受这种形式，而是希望由教育部补足经费。到最后，此事以教育部追加三成经费而了之，从中也可窥见蒋梦麟的困局。

到了联大的后期，社会面上不断传来蒋梦麟将进入政府任职的消息。而他在 1941 年下半年以后，离开昆明的时间也越来越长。从郑天挺的日记来看，蒋梦麟 1942 年 4 月 8 日至 26 日在重庆，将近三周；6 月又去重庆两周；9 月又至重庆，此次时间颇长，近两月，中间还传出蒋可能回任教育部部长的消息。

1943 年 1 月 15 日，蒋梦麟去渝，月底行政院便通过任命蒋为中国红

① 梅贻琦：《梅贻琦西南联大日记》，中华书局，2018，第 26-33 页。

十字会会长，3 月 6 日始返回昆明，历时又近两月。其实蒋梦麟早在 1941 年 7 月便接手了中国红十字会的工作，只是没有正式任命而已。红十字会的工作虽然与政府公务不同，但也耗费了他不少精力。1941 年，他就职红十字会会长后，便沿着滇缅公路去视察各地的红十字会。据他在《新潮》中所述，他们从“昆明到贵阳，再到桂林，然后转衡阳，再折回桂林，到湘西镇远，又回到贵阳，最后又到了重庆”[①]，这一路上，“看到好多极其残酷的事”，令他终生难忘。

之后，他离开昆明的时间显然更长，其中较长的一次是在 1944 年 5 月 1 日离昆，7 月 19 日方返回，近 80 天。1944 年底，他又率中国代表团赴美参加 1945 年 1 月的太平洋国际会议。此次会议颇为重要，蒋梦麟实际上是代表中国官方进行发言，提出了关于太平洋地区战后和平与发展的中国立场。会议结束之后，蒋一直留在美国，直到 6 月才与宋子文一道回国。其中，3 月份蒋梦麟到了纽约，“(与)美国专家讨论日本问题，一面讨论，一面广播，又讲演多次”，重操他年轻时的演讲旧业，俨然成为中国政府的喉舌。

不妨以当时同为校长的竺可桢的行程作为对比。在抗战后期，竺可桢每年二三月份也会去重庆一趟，主要是参加教育部、青年团、中研院等部门的各种会议，还会抽一点儿时间到北碚去，视察搬迁后的中研院气象所的工作状况。但竺可桢赴重庆的次数和时间都要明显少于蒋梦麟，可见蒋梦麟除了常规的大学校长履职之外，也在抗战后期承担了更多的非本职

① 蒋梦麟：《西潮与新潮》，浙江大学出版社，2019，第 208 页。

工作。

1945年4月至6月，当时为代行政院长的宋子文率团赴美参加联合国制宪会议。大约就是在这段时间，宋子文应该与蒋梦麟有过面谈，并基本敲定由蒋担任行政院秘书长。

1945年5月，人还在美国的蒋梦麟当选国民党监察委员。据郑天挺日记所记，1945年5月28日，便有传言表示宋子文将请蒋梦麟为行政院秘书长，而蒋已经答应。郑本人疑其不确，并极为愤慨。在他看来，蒋十余年前便做过教育部部长，再任行政院秘书长的意义何在。这当然是郑天挺等人的书生之见，行政院秘书长需要经手的事务之广，岂是教育部部长能够涵盖的，宋子文对他这位老同学的办事能力显然极具信心。

在这个时候，此事已经定局，剩下的只是程序问题，之后的所谓蒋可能任教育部部长等消息只是谣言。6月21日回国之后，宋子文于6月25日就任行政院院长，蒋也立即任行政院秘书长。

以蒋梦麟当时的身份与资历，当然不必担任行政院秘书长一职，他为何愿意接下这个工作，具体考量何在，细节恐怕只有蒋与宋才清楚。从事后推测，原因或许是宋子文以同学之谊打动了蒋梦麟，并许以只是短期暂代，蒋还可继续担任北大校长之诺。其时抗战即将完全胜利，战后情况可谓百废待兴，他对时局可能也抱有相当希望。

北大内部当然有不少教授极不满意，其中最为愤怒者乃法学院周炳琳，不但在6月底的教授会议上严辞批评，还在7月1日致信蒋梦麟，望其辞去校长一职。几天后，傅斯年又在重庆与其面谈，蒋显然极为伤心，立即决定辞去校长之职。

蒋梦麟后期在西南联大的作为，引出了不少非议。周炳琳认为蒋梦麟的兴趣不在大学教育，而是忙着招待政要和无关紧要的外国人。江泽涵在致胡适的信中指出，主要原因是蒋梦麟避免与教授接谈，造成关系不佳。江又认为背后的原因一是蒋夫人与多位谈不来，二是总务长郑天挺敷衍对付。[①]

分析起来，这两点都不怎么立得住脚。蒋夫人与诸位教授的关系确实不佳，时有生活琐事方面的冲突，这一点在其他人的回忆中也有所记录。不过这些毕竟是小事，就联大后期而言，蒋夫人与傅斯年等虽不能说和好如初，但还能维持基本的交往。至于郑天挺，尽管他也时有不愿担任总务长的想法，但在任上时可谓兢兢业业，北大教授们的不满和抱怨是他无力处理的，如不“敷衍”，也没什么更好办法。

至于周炳琳所指责的蒋梦麟应酬太多更是奇怪，因为在联大建校之初，三位校长便有了关于内部分工的共识，梅贻琦主抓内务，蒋梦麟则更多处理对外工作，担任过西南联大总务长的周炳琳对此不可能不了解。

蒋梦麟的性格热情，时有冲动之举，这一点在他生平的几次重大抉择中都可发现。跟梅贻琦相比，蒋梦麟的处事较为独断，少与周边人商量。以前述 1941 年蒋向教育部建议拨部分清华庚款基金供联大三校共用为例，他的想法事先并未告诉北大任何人，包括与他最亲近的总务长郑天挺。4 月 25 日，在得知教育部拟从清华基金中拨出 50 万，导致清华方面“甚感不平”之后，郑天挺在日记中写道：“余未闻月涵（梅贻琦）谈及北大之

① 中国社会科学院近代史研究所编《胡适来往书信选》，社会科学文献出版社，2013，第 843 页。

请款，决无分润或剥夺清华基金之意”[1]，这显然是他不知情而致。

反观梅贻琦，在得知蒋梦麟的“办法”之后，他很快于4月17日召开校务会议，商讨如何应对此事，并决定了两个处理原则。最后，校务会议上又议决请冯友兰与吴泽霖两人“分访”周炳琳，一探北大的真实意图。

两相比较，可以看出两位校长截然不同的处事方法。除了学风，或许就连在管理风格上，也有清华之“团结”与北大之“散漫”的区别。而这可能正是不少北大教授对蒋梦麟心生怨恨的原因所在。

蒋梦麟同意担任行政院秘书长之后，也未告诉北大的任何同仁。这些北大教授多是从重庆传来的小道消息中获知此事，并在媒体上才得知蒋梦麟已经就任的新闻。不管具体原因如何，这显然都是对北大同事们的不尊重。以蒋梦麟的精明能干，当然能想到这一层，只是他似乎对此并不在意。

蒋任北大校长十余年，或许对大学教育已经心生倦怠。1942年以后，他离开昆明的时间越来越长，当中固然有各种兼职原因，另一方面也是将联大的主导权交给了梅贻琦，不欲多管。他曾对胡适言，不管也是一种管。这可能确实是当时更好的一种选择，但未必能取得北大教授们的谅解。

若干北大教授们未曾说出口的还有一个原因或许便是，他们更倾向于胡适这样有国际声誉的学者来担任校长。蒋梦麟的专长在于办事，但若没有足够的资金，也无法施展才干。北大不少教授对联大时期学校的发展是

---

① 郑天挺：《郑天挺西南联大日记》，中华书局，2018，第1021页。

相当失望的，这一点从 1941 年起就有苗头，到了联大后期，更几乎成为北大学者们的一种共识。他们当然希望北大能借着换帅而获得另一次中兴。

蒋梦麟在行政院秘书长位子上做了不到两年，在辞职后兼着少量党务活动，他的工作重心当在中国红十字会上。1948 年，在蒋介石要求下，他又担任了“善后事业保管委员会”和中国农村复兴联合委员会（农复会）主任两职。这两份工作，都是中美之间进行合作的共同管理机构，而他也确实是处理此类业务的最佳人选。蒋梦麟担任农复会主任委员一职直到过世，这是他晚年最为着力的事业。

4. 行政干才

蒋梦麟虽任北大校长多年，倒不能算是一位学者。他的著述实在不多，除去博士论文，蒋梦麟最出名也最重要的著作《西潮》，当年是为太平洋国际学会而写。太平洋国际学会虽为一松散的学术团体组织，但在第二次世界大战期间也肩负着为美国政府提供信息的功能。蒋梦麟是其中国分会的会员，后来又担任了学会的副主席。

《西潮》一书中，蒋梦麟其实对自己的生平，尤其是他在北大和西南联大时期的作为，着墨甚少，倒不如说是一部在抗战年代向世界介绍中国历史与中国文化，推广国民政府抗日立场的高明宣传作品。他在写到自己抗战时期回家探望父亲时，表述说，“中国将在火光血海中获得新生”，读来感人。书中也常见对当时的国民政府的赞扬，以及对美国的推崇，“美国创造又创造，直到她成为世界上最工业化的国家，同时也是最重理想和人道的国家”。[1]

1943年，蒋梦麟致信胡适，透露自己著有论书法的书，名为《书法之原理与艺术》，也就是后来在台湾出版的《书法探源》。[2]全书篇幅不大，以绝句形式写成。他本人对此似乎相当用心，不但将练习书法的心得与梅贻琦交流，写成的部分初稿还曾交与他的亲信郑天挺阅读，但这些毕竟谈不上学术。除此之外的其他作品基本是些发于报刊的应景文章与演讲稿。

依他自己所言，他于民国八年（1919），“投入了北京大学里的学校行政的旋涡，起初尚兼教学而略从事作文。其后因受政治不良的影响、革命心理的冲动、频年学潮汹涌，又因学款积欠过巨，叠起教潮；行政事务逐渐加多，学问功夫逐渐减少。至民十一（1922）以后，简直成了单纯的学校行政者，积重难返，索性把笔搁起了”。[3]

但就是这样一位教育行政工作者，却在因政局变动，北大逐渐沦落为一所“地方性大学”之际，巧施手段，维持北大的学术与教学品质达十数年之久。可见，大学管理说到底还是一项专业工作，更依赖于主政者的工作思路与执行能力，而与他的学术水准关系不大。

蒋梦麟不像蔡元培那样对教育有完整而深入的思考，他任北大校长多年，更多是以教育行政工作者的姿态行事。如果一定要说蒋梦麟有什么较为清晰和前后一致的教育理念，那大概要算学生如何为社会服务这一点，这显然是继承了杜威实用主义哲学的思路。1931年5月11日，蒋梦麟发

① 蒋梦麟：《西潮与新潮》，浙江大学出版社，2019，第223页。
② 耿云志：《胡适年谱》，福建教育出版社，2012，第252页。
③ 蒋梦麟：《过渡时代之思想与教育》，知识产权出版社，2018，第2页。

表关于北大外语教学之计划的报告，指出西方各国“其大学教育之目的，各有不同，要皆视其国家社会之需要，养成有为之青年”[①]。他认为中国的高等教育，最重要的一点是要洞悉中国以往之历史，以及世界当前的潮流。而要了解世界潮流，“外国语实为最重要之工具”。对他来说，教育的目标，便是养成一个个“活泼泼的、能改良社会的、能生产的个人”[②]。

他评估他所处的时代，可类比于西方 18 世纪的“过渡时代”。而他对教育的长久看法则是，“取中国之国粹，调和世界近世之精神，定标准，立问题，通新陈交换之理，察社会要需，采适当之方法以推行之”。[③]他所关注的，是方法与工具，而不是理念。

不过对自己的学问与教育工作，蒋梦麟本人还是颇有自知之明，他在《新潮》中自云大半光阴在北大度过，“在职之年，但知谨守蔡校长余绪，把学术自由的风气，维持不堕”[④]。

傅斯年评价蒋梦麟道，梦麟先生学问不如蔡孑民先生，办事却比蔡先生高明。那么他办事到底有什么特点？1948 年夏天，蒋介石请他去公馆面谈，希望他主持农村复兴联合委员会的工作。蒋梦麟表示同意之后，蒋介石便问他有什么意见。蒋梦麟答道，农村建设如果不从改革土地着手，是不会成功的，所以他希望划出一个地区做试验。蒋介石接着问他要划出哪里，他说是无锡，原因是无锡已经是半工业化的地区，民众反对程度会

---

① 马勇、黄令坦编《中国近代思想家文库：蒋梦麟卷》，中国人民大学出版社，2018，第 121 页。

② 蒋梦麟：《过渡时代之思想与教育》，知识产权出版社，2018，第 88 页。

③ 参阅，蒋梦麟：《过渡时代之思想与教育》，知识产权出版社，2018，第 7-18 页。

④ 蒋梦麟：《西潮与新潮》，浙江大学出版社，2019，第 268 页。

较低，而且“要地主们拿出土地来，总好像是与虎谋皮，不是容易办到的事。那时可能要用兵力来打老虎。无锡与南京邻近，容易派兵”。[①]

当然，个人回忆录通常会美化自己的言行。但如果此段回忆基本为真，可以发现在事先没有什么准备的情况下，蒋梦麟对土地改革问题似乎成竹在胸，立即选定无锡作为试点区，看来在行政院和“善后事业保管委员会”的工作已让他对中国现实问题有了精确的把握。而此段对话中最能体现蒋梦麟办事能力的是“容易派兵”这一点。有了“派兵”这一杀手锏，土地改革工作自然无往不利。在与最高领导的现场对谈中，一下便能点出成事的关键后手，蒋梦麟担得起“干才”二字。

1942 年 8 月 5 日晚，郑天挺等几人共同做东，宴请蒋梦麟、梅贻琦两对夫妇。饭后他与蒋梦麟谈行政的要诀，蒋说：“巨细必躬亲，每易勤细务，而忘大节，此危道也。”[②]

---

① 蒋梦麟：《西潮与新潮》，浙江大学出版社，2019，第 277-278 页。

② 郑天挺：《郑天挺西南联大日记》，中华书局，2018，第 597 页。

第六章

《竺可桢全集》中的竺可桢（上）

只要在浙江大学求过学，或者与浙大有点关系的人，都不会陌生于竺可桢这个人。他在 1936 年 9 月对新生讲话时所提出的两个问题（第一，到浙大来做什么？第二，将来毕业后做什么样的人？），差不多是所有浙大人都耳熟能详的。

只是竺可桢从未真正影响过我的读书生活。在我当年想来，北大几乎将蔡元培奉为神主，浙大自然也需要一个可以类比的精神图腾，而曾执掌校务十三年，帮助浙大度过了抗战生涯的竺可桢，可以说是唯一选择。

出于某种偏见，竺可桢给我的印象一直介于谨慎讷言的老实人与努力做事的实干家之间，算不上是一位真正的教育家。不过在出于工作需要，翻阅了 20 余卷《竺可桢全集》之后，我对他的看法有了显著的变化。在阅读文献之外，我又趁着工作与旅游的机会，陆续参观了竺可桢的老家，以及他在上海与南京的故居，一个更为立体的竺可桢形象也渐渐地展现于我的面前。

竺可桢为人文雅，却有自己的定见；他个性谨慎，可仍然坚持自己的信念。他在日记中曾经表示，楚人多热情，而江浙人重理性，显然将自己归类为理性冷静型人格。虽然他对自己的科学生涯极度不满，却在生命的最后时刻写就了《中国近五千年来气候变迁的初步研究》这篇经典之作，用谭其骧的话说，“每读一遍使我觉得这文功力之深，分量之重，为多年所少见的作品，应属于世界名著之林”，也不算过誉之辞。不过有些可笑的是，这篇文章在当时却几乎找不到可发表的地方。

担任浙大校长并非出于竺可桢的本意，在任职之后，他还不断地想辞去职务，回归中央研究院气象所，只是一直无法如愿，可说是一位身在曹营心在汉的校长。他对自己的浙大时期工作评价也相当低，称之为“于人无益，于己有损”，只是勉力支撑而已。尽管如此，他对浙江大学的影响仍然是深远的。在他的领导下，浙大不仅顺利度过了抗战的艰难岁月，且在办学规模和教育品质方面都有显著提升，奠定了后几十年的基础，浙大人对他的感恩并非无由来的。竺可桢为学校所立的校训“求是”，中西合璧，是他给浙大留下的最好遗产。在离开浙大后，他也非常关注学校的发展，当得知浙江大学在20世纪50年代被拆分之后，表露出了相当的不满。

至于在新中国成立之后的中国科学院时期，竺可桢作为“事实上的中国首席科学家”（叶维丽语），担任中国科学院副院长及计划局局长，主持了对解放前主要国立研究机构的接收，以及中国科学院下属各所的组建工作。他的生平，所涉及的事务不可谓不广，成就也不可谓不大，他却又常常哀叹自己的一生毫无作为，在学术上建设寥寥。而这一点，不也正是20世纪中国知识分子的典型内心独白？

竺可桢故居

1. 求学生涯

1905 年，竺可桢考入上海澄衷学堂的中学部，读了三年书。在离学业结束只有三个月的时候，全班罢课，他因此没有毕业。

1908 年，竺可桢的母亲去世，他回上虞老家奔丧。之后便又回到上海，在复旦公学读了一年书，当时的校长是严复，同学中则有陈寅恪、曾昭权等人。不过据竺可桢回忆，严复很快便离职了，他“未得亲聆教诲”。

因为嫌复旦公学的管理不严，1909 年，竺可桢又考入唐山路矿学堂（也就是后来的唐山铁道学院，今天的西南交通大学之前身），学习土木工程。

1910 年，竺可桢通过庚款留美考试，乘着“中国号”轮船赴伊利诺伊大学，学习农业。竺可桢在 1960 年回忆道，他到了美国以后，发现美国的农科功课粗放，大失所望，所以毕业后才改读气象的。

在唐山与他同班，后来又一起赴伊利诺伊大学的还有钱崇澍（字雨农）等人。而据他晚年回忆，与他一起在伊利诺伊毕业的中国同学有严家驺、吴家高、朱维杰、穆藕初、陈榥、杨永年等人。

钱崇澍后获芝加哥大学硕士学位，曾担任清华大学生物系系主任和复旦大学农学院院长。钱曾担任《科学》杂志总编辑，与竺可桢在 1933 年一起赴加拿大参加了第五次太平洋科学会议，并同为 1948 年第一批中央研究院院士。1950 年钱崇澍又被聘为中国科学院植物分类研究所所长，直接受竺可桢的领导，两人可说颇有交集。1965 年 12 月 28 日，钱崇澍在阜外医院去世，竺可桢参加完遗体告别式后，还特别记载道：“钱（崇澍）是唐山（1909—1910）老同学，1910 同去美国入 Illinois（伊利诺伊）大学。一旦告别，能不为之哀叹？”并特别摘录了苏辙《送文太师致仕还洛》中的诗句，“遍阅后生真有道，欲谈前事恐无人”。

中国近代的留美学习践行者，最早自然是1850年入读耶鲁大学的容闳。而以政府名义大批公派资助留学欧美者，则要算1872年容闳所带领的四批幼童留美生，只是他们未完成大学学业便被送回国内，其中有相当一部分回国时才刚开始学业。

1909—1911年的三批庚款留学生（共190人）对中国近代学术影响至深，竺可桢也列于其中的第二批。而在这两代人之间，也有规模较小的官方留学计划，如1902年盛宣怀委托傅兰雅将9名北洋大学堂学生送到加州大学柏克莱分校留学，主要学习法政和工科。[①] 当年，以这些官费学生为核心，在旧金山还成立了留美中国学生会。1905年，36名中国学生又在麻省成立了留美学生会东部会。[②]

而在民国成立前后，各省也纷纷提出了自己的留学资助计划。如1912年，江西省拨公款10万元，选送学子分赴欧美、日本。中国植物学研究先驱，与竺可桢同为中国科学社创社元老的胡先骕，便是通过此一考试而赴美留学的。[③]

在官方资助之外，自然也有个人自费和受资助留学欧美的，不过数量更是有限。1901年，费起鹤与孔祥熙两人在传教士的帮助下，前往美国欧柏林学院读书。丁文江在对英国毫不了解的情况下，1904年买了船票便去

---

① 邓昉：《清末北洋大学堂学生的首次留美之路》，《图书馆杂志》，2018年第三期，第121-127页。

② 叶维丽：《为中国寻找现代之路》，北京大学出版社，2017，第24-26页。

③ 胡宗刚：《胡先骕先生年谱长编》，江西教育出版社，2008，第33页。

苏格兰，后来不得不先去读了两年中学，再于 1907 年进入格拉斯哥大学主修动物学和地质学。① 曾任上海大同大学校长的胡敦复则是于 1907 年离开复旦公学，赴康奈尔大学读书。

在 1914 年美国的中国留学生中，大约三分之二是通过庚子赔款留美的。而从所学学科看，学习纯粹自然科学的比例并不高，多数还是工科、教育与广义的社会科学。这主要是由清政府自身的目标所致，它在制定庚款留学计划时便规定 80% 的学生须学习工程、农业和采矿等实用科目。胡适在《科学与人生观》序中云："这三十年来，有一个名词在国内几乎做到了无上尊严的地位；无论懂与不懂的人，无论守旧和维新的人，都不敢公然对他表示轻视或戏侮的态度。那个名词就是'科学'。"实际上，在胡适为文的那个年代，中国还没有几个理论科学家。

因此，可以说竺可桢后来由农业转向气象学，成为近世中国严格意义上的第一批现代自然科学家，并非当时留学生界的主流，却正好有机会另做出一番事业。

1913 年毕业后，竺可桢转入哈佛大学地学系，研读气象学方向。1915 年获得硕士学位后，继续攻读博士学位。1918 年，竺可桢获得气象学博士学位，秋天赴武昌高等师范学校担任地理学与气象学教授。

竺可桢对哈佛大学感情颇深，后来有机会出国的时候好几次顺访哈佛。如 1933 年参加加拿大太平洋科学会议之后，便去美国东部，参访了芝加哥大学与哈佛大学地理系，再从纽约赴欧。他到杭州以后又成立了杭

① 费侠莉：《丁文江》，新星出版社，2006，第 2 章。

州哈佛同学会。任职浙大校长之后，竺可桢定期参加杭州哈佛同学会，还经常邀请访问中国的哈佛教授到浙大作演讲。他平日还会阅读《哈佛大学校友会会报》，这个习惯甚至在浙大西迁时期仍然保持着。直到日本偷袭珍珠港、美国对日宣战之后，竺可桢才无法及时浏览相关刊物，只能趁着去重庆开会的时候到图书馆读科学类杂志。不过到了 1942 年 10 月，他在贵州又能读到最新的《大西洋月刊》，也可见当时的国际邮件并未断绝。

1944 年 4 月 6 日，竺可桢在日记中记载，收到了 1942 年 4 月的《哈佛大学校友会会报》，欣喜万分："乃美国参战以后第一次见到者，真如多年阔别之友人。时美国参战仅四个半月，而哈佛毕业生死于战事者已十一人，教职员之死于战场者亦三人。"①

1939 年 2 月 5 日，浙大广西宜山校舍被日机轰炸，竺可桢还以英文向《哈佛大学校友会会报》去信通报，并表示敌人的炸弹只会让中国人民更加团结。竺可桢将浙大的校训定为"求是"，一直沿用至今。据他的自述，这也是模仿哈佛大学的校训"真理"。

在学术之外，留美 8 年也塑造了竺可桢的生活态度。回国之后，他仍然定期阅读美国《纽约时报》《读者文摘》来了解世界时事，阅读《耶鲁评论》等知识分子刊物，并长年保持每天打网球（坚持了 50 年）或游泳的习惯，在生活方式上是颇为西式的。到了晚年，由于身体原因，他放弃了这些运动，不过还时常打太极拳和做健身操。

他在 1952 年中国科学院的自我检讨中说，1936 年，时值哈佛大学成

① 竺可桢：《竺可桢全集（第 9 卷）》，上海科技教育出版社，2004，第 71 页。

立300周年的时候，以宋子文为号召，校友们捐款买了一块赑屃碑送给哈佛大学，他也捐了款。[①] 此碑也就是“哈佛300年纪念碑”，原为1810年嘉庆赏给两江总督松筠之物，现立于哈佛怀德纳图书馆（Widener Library）的西侧。

不过据哈佛大学自己的记载，购买并赠送此碑是由哈佛大学两位校友施祖贤和刘瑞恒两人发起，而不是宋子文。他们两人在南京面见蒋介石，请求将原碑重新刻字后作为礼物送给哈佛大学，并获得了蒋的同意。

此碑上刻文字由胡适撰写，共370字，并配上了英文翻译。胡适在其中云：“近三十年来，就学于哈佛，学成归国服务于国家社会者，先后几达千人，可云极盛。今届母校成立三百年纪念之期，同人等感念沾溉启迪之功，不能无所表献。”

根据史黛西•比勒的整理，在1854—1953年这百年中，授予中国学生学位最多的美国大专院校，前三位分别是哥伦比亚大学（1834人）、密歇根大学（1300人）和麻省理工学院（734人），哈佛大学排名第四，为647人。[②] 所谓“几达千人”，那是胡适的夸张之说了。

在哈佛300周年的纪念日，竺可桢又于杭州哈佛同学会作演讲，表示哈佛大学可以昭示他们的一点就是校训：真理。“我们对于教育应该采取自由主义或干涉主义，对于科学注重纯粹抑注重应用，尚有争论的余地，而我们大家应该一致研究真理，拥护真理，则是无疑义的。”[③]

---

① 竺可桢：《竺可桢全集（第3卷）》，上海科技教育出版社，2004，第89页。
② 史黛西•比勒：《中国留美学生史》，生活•读书•新知三联书店，2010，第433页。
③ 竺可桢：《竺可桢全集（第3卷）》，上海科技教育出版社，2004，第370页。

2. 中国科学社

竺可桢在留学哈佛期间，便加入了由任鸿隽等人创立的中国科学社，这对他的学术生涯影响颇深。根据任鸿隽的回忆，建立科学社的缘起是留美学生们想要刊行一种杂志来向中国介绍科学，也就是后来的《科学》月刊。

一开始，科学社并无正式组织，而是以入社者每人交股金 5 元的形式，作为发行《科学》杂志的资金。到 1915 年，拟定社章，才正式成立中国科学社，举出任鸿隽（社长）、赵元任（书记）、胡明复（会计）、秉志、周仁五人为董事，杨铨为编辑部部长，并以每年 10 月 25 日为成立纪念日。①

据曾担任《科学》杂志总编辑的张孟闻回忆，1918 年，科学社迁回国内，但没有固定社址。当时的骨干多数在大学任职，“如邹澍文、邹秉文、过探先在南京高师农院任教，胡敦复、胡明复兄弟在上海大同大学任教，就将两所大学作为科学社办事员通信的地点”。②

中国科学社虽自始至终为一民间机构，对近代中国科学的发展却起到过巨大作用，具体而言，则包括了 1922 年成立的生物研究所，在上海建立的明复图书馆等。刚成立时，社员不过 35 人，到了 1949 年，已经发展为 3776 人。除了定期召开年会，为中国科学界定一共同交流场所之外，它的另一主要贡献便是创办了《科学》杂志。

创刊之初，杂志的编辑负责人包括杨铨、王琎、任鸿隽、刘咸、卢于道、张孟闻等人。到 1951 年停刊为止，《科学》出了 32 卷，每卷 12 期，

---

① 任鸿隽：《任鸿隽文存》，上海科技教育出版社，2002，第 721-724 页。

② 张孟闻：《〈科学〉的前三十年》，《科学》1985 年第 1 期，第 75-77 页。

总发表论文有 3000 余篇，在相当一段时间内是中国唯一的专业科学杂志，也是近代中国最具影响力的学术杂志。[①] 李约瑟于 1948 年 7 月的《自然》杂志上略带夸张地称许道，中国的《科学》杂志可与伦敦的《自然》和美国的《科学》媲美。

尽管自我定位为类似于《自然》的综合性科学期刊，早期的中国《科学》杂志却颇关注于什么是科学、科学的意义、科学与文明之类的宏大话题。可以说，为科学辩护，宣传科学的世界观是《科学》杂志的重要工作。郭颖颐指出，直到 20 世纪 20 年代末，“它每期的首篇文章都为采取科学世界观辩护”[②]。受此影响，竺可桢在这方面也发了一些文章，如《地理与文化之关系》(1916)、《地理对于人生之影响》(1922)、《科学对于物质文明的三大贡献》(1930)、《科学与社会》(1943)、《科学与世界和平》(1947)。

竺可桢是中国科学社的创始社员，对科学社的发展贡献颇多。在科学社第四次年会上，他致辞说，“欲谋中国科学之发达，必从（一）编印书报；（二）审定名词；（三）设图书馆；（四）设实验研究室入手”，大致框定了科学社后来的工作方向。1923 年起，中国科学社在南京举办了第一次理事会议，竺可桢被推举为书记，后来他还担任过中国科学社社长。

科学社对竺可桢早期的择业与学术方向也有相当的影响。郭秉文回国担任南高教务长及东南大学首任校长之后，不断地将科学社的主要成员聘至南京，包括了周仁、杨铨、秉志、胡刚复、王琎、茅以升等人，1923 年更聘任鸿隽为东南大学副校长。竺可桢也于 1920 年秋从武汉转至南高担

① 任鸿隽：《任鸿隽文存》，上海科技教育出版社，2002，第 719 页。
② 郭颖颐：《中国现代思想中的唯科学主义》，江苏人民出版社，1998，第 11 页。

任教授，开始了他本土学术生涯的第一个主要时期。

入校之后，竺可桢便提议成立地学系，包括地理、气象、地质、矿物四大学科，获得了学校的同意。[1]这也是中国第一个大学地学系。“东大的地学系在竺可桢的领导下，变成了一个包括地理、气象、地质、矿物等领域的新型系，开出了 10 余门课程，他自己始终讲授地学系中一门重要的基础必修课《地学通论》，兼授气象学、世界地理和世界气候等课程，发表了 40 余篇论文”。[2]

1925 年学期结束后，竺可桢离开东南大学，受聘为商务印书馆编译所史地部部长，同时兼及科学社的工作。当时的他住在霞飞路的霞飞坊 26 号，也就是现在的淮海中路淮海坊。在当年，此地是上海的时尚之所，霞飞坊里的房子为清一色三层砖木结构的法式小洋楼，外墙是红色砖面，今天看来仍然相当醒目。

竺可桢上海旧居标识

竺可桢上海旧居

① 《竺可桢传》编辑组：《竺可桢传》，科学出版社，1990，第 15-16 页。
② 朱斐主编《东南大学史：第一卷（第 3 版）》，东南大学出版社，2022，第 118 页。

第二年8月，竺可桢又赴南开大学讲授地理与气象。北伐成功之后，1927年6月，竺可桢回到南京，重新担任东南大学（第四中山大学）地学系主任。1928年起，竺可桢筹创中央研究院气象研究所，从此当了近20年的气象研究所所长。

虽然他到了南京工作，霞飞坊的房子仍然留了一段时间供家人居住。1929年1月，他还致函中央研究院会计处，表示将他的薪水分作两处发放，寄出50元到南京，其余则仍寄至霞飞坊26号。[①]

同时，科学社的工作也扩宽了竺可桢的学术视野，要求他关注广义的科学领域。竺可桢长期阅读科学史类读物，以及*Science*（《科学》）、*Nature*（《自然》）等综合类科学杂志的习惯，显然与此有密切关系。

他的早期作品几乎都发表在《科学》杂志上，包括根据他的硕士论文翻译改写的《中国之雨量及风暴说》。后来他陆续发表在该杂志上的重要文章还包括《空中航行之历史》（1919）、《杭州西湖生成的原因》（1920）、《改良阳历之商榷》（1922）、《南京之气候》（1922）、《南宋时代我国气候之揣测》（1925）、《风暴成因之新学说》（1926）、《北宋沈括对于地学之贡献与纪述》（1926）、《论以岁差定〈尚书·禹典〉四仲中星之年代》（1926）等。

竺可桢与创社社长任鸿隽及其他同仁的关系亦相当良好。1932年，气象研究所经费短缺，准备参与国际气象会议所组织的第二极年测候计划，却缺乏测量设备，故不得不向中华基金会申请资助。[②]任鸿隽时任中华基金会干事长，自然竭力从中周旋。1933年1月，竺可桢又致信中华基金会

---

① 竺可桢：《竺可桢全集（第22卷）》，上海科技教育出版社，2012，第196页。

② 竺可桢：《竺可桢全集（第22卷）》，上海科技教育出版社，2012，第440-447页。

申请购买仪器。两周后，任鸿隽回信表示，经中华基金会执行委员会议决后，同意先行拨款 4000 美元，这解决了他的燃眉之急。

竺可桢还未正式担任浙江大学校长之时，便与科学社骨干胡刚复面谈，想聘他为浙大文理学院院长，胡后来任职于浙大长达十余年。后来他又将曾负责《科学》杂志，且与他在东南大学共事过的王琎聘至浙江大学担任化学系主任。王琎之后一直在浙江大学工作，院系调整之后才到杭州大学任教授直至不幸过世。1937 年，竺可桢又聘后来担任了《科学》总编辑的张孟闻为浙江大学教授，直到 1943 年。

全面抗战时期，尽管形势紧张，物资运输极为困难，但浙大搬迁时还是帮忙带上了中国科学社的一些珍贵书籍加以保管。浙大将这批书籍先运至湘湖，再到建德，最后到泰和。直到 1938 年 5 月，科学社才派唐慧成把书提走，共计 87 箱。此事还造成一定误会，外界以为浙大又要搬迁至他处。[①]

浙大迁至贵州以后，竺可桢仍不时参与科学社的工作，并担任理事。1944 年，科学社成立 30 周年之际，由于战争原因，无法举办纪念年会，只是在各地分头举办活动，并出版一纪念刊。竺可桢在此专刊上有一篇小文章，题为《希望中国科学社能真成一个 CAAS》，重申了他的一贯主张，即科学社可以改组为如美国科学促进协会那样的机构，将研究范围扩大，包括一切科学，“以谋科学上之改进”。只是当时的任鸿隽等人并不赞同科学社的改组与扩大工作。

1949 年之后，科学社及《科学》的命运变得难测起来，几近波折之

① 竺可桢：《竺可桢全集（第 6 卷）》，上海科技教育出版社，2004，第 533 页。

后，最终分别解散与停办。1949 年 7 月，时任《科学》杂志总编张孟闻来访竺，表示他与科学社总干事卢于道两人被排挤云云。竺可桢劝他少说多做，并认为“二人之受排挤，于科学社极不利”。[①] 当年 11 月，竺可桢还到上海，与科学社讨论经费问题，议论下来尚可维持运转。

经过任鸿隽等人的讨价还价，《科学》与《科学世界》两刊于 1951 年合并，改名为《自然科学》，算是暂时存活了下来。然而，《自然科学》也只办了一年，到 1952 年中期，又与《科学通报》合并，从此《科学》便正式消失了[②]，其背后的时代原因在于1952年的“三反”运动。1957年，《科学》杂志又复刊，此次复刊只持续了 4 年，在 1960 年再次停刊，直到 1985 年。

竺可桢并不是一个热心社会政治之人，即便在他的私人日记中，也很少谈及政治观点。竺可桢的个人理念一直是为科学而科学，1918 年他在中国科学社第四次年会上发言，便表示 20 世纪文明为物质文明，“欲立国于今之世界，非有科学知识不可”[③]。在后来的“自述”中，竺可桢曾回忆说，“在当时以为能脱离政治是最清高的一件事”。

1945 年 7 月，他发表演讲，表示中国传统有其宽容自由的优点，但有三点应改进：1. 士大夫之传统观念，偏于少数专政者，自私自利；2. 黄老学说；3. 凡做事不应以个人利害为出发点，而要以大多数人民之最大幸福为出发点。这是他较为罕见地表达了自己在社会政治领域方面的基本观

---

① 竺可桢：《竺可桢全集（第 11 卷）》，上海科技教育出版社，2006，第 482 页。

② 许为民：《〈科学〉杂志的两度停刊与复刊》，《自然辩证法通讯》，1992 年第 3 期，第 24–29 页。

③ 竺可桢：《竺可桢全集（第 6 卷）》，上海科技教育出版社，2004，第 78 页。

点。在民国时代，竺可桢可说是一位“唯科学主义者”。

不过，就竺可桢的学术信念而言，介绍基础科学知识只是第一步。他在 1930 年的科学社年会上作社长致辞，谈到“(要)发达科学，单靠翻译，专从灌输科学智识着手是不够的”，更需要的是研究。他的目标是让“科学也能说中国话”，也就是以中文形式发表世界级的学术文章。这或许也是竺可桢一直将浙大校长之位视为鸡肋的内在原因。

3. 作为现代知识分子的阅读

大致浏览《竺可桢全集》之后，竺可桢最令我惊讶之处还是他对现代科学各分支学科的涉猎之广、掌握之深，以及在中西文史知识方面的涵养。

竺可桢的阅读习惯完全可以称得上是现代知识分子的榜样。他长年跟读综合性科学刊物，如《美国科学月报》《科学》《自然》《科学美国人》等，对各类科学的前沿知识都有相当了解。在最困难的抗战时期，在贵州读不到这些刊物，他便趁着去重庆开会的机会，到美国新闻处阅读新进的科学与知识分子类杂志。大概只有 20 世纪 50 年代的前半期，国内图书馆没有进口这类科学杂志，他才停止了阅读的习惯。1955 年之后，他开始又能读到相关文献，但从他的日记看，这种阅读是时断时续的，或许当时的进口渠道还不是很通畅。

20 世纪 60 年代中期以后，能够读到外国刊物的地方很少。竺可桢年届八十，患神经性耳聋，行动很不方便。不过他还是经常坐车或搭公交车，去朝阳门大街上的中国科学院科学情报研究所和中关村图书馆，阅读最新文献。1967 年 3 月，他读到《科学美国人》上面有一篇曾来中国访问的日本对外贸易部秘书内田的文章《中国的技术》，做了相当详尽的笔记。针对内田批评中国的工业状况尚停留在日本 15 年前的水平，竺可桢评论说，“他的论断未必正确，他所看到的也不是中国尖端，但批评得对，我们也要注意”。

他还保持着阅读科学和历史书籍的习惯，涉猎范围同样极广，包括物理学、科学哲学、科学史等，乃至各类思想经典，如斯密《国富论》、穆勒《经济学原理》等。举例而言，1945 年 4 月，竺可桢较为系统地阅读了丹皮尔的新版《科学史》，并做了详细的笔记。1951 年 2 月，他又阅读了萨顿的《科学史导论》，并对其中的天文史部分作了评论。

1960 年 1 月，他收到李约瑟寄赠的《中国科学技术史》第三卷，在之后一段时间，进行了详细的阅读。他评论道，李约瑟阅书之渊博殆无伦比，有些提及的作品，“不但未见其书，甚至不知其名”。同时他也列出了书中一些引用和理解的错误。

1965 年国庆当日，他先是白天于天安门观看国庆游行，晚上又回到天安门看焰火表演。回到家后，则开始阅读斯诺所著的《再看两种文化》，并就斯诺关于科学与人文两种文化的隔绝等观点做了笔记。由此可见，他一直关注着科学在现代社会中的作用与意义等问题。

甚至在“文革”的高潮期间，竺可桢也依旧手不释卷。1968 年 3 月，在每天读《毛泽东选集》之外，他还仔细阅读了美国科学家康诺德的《科学与常识》，并作了较长的评论。此书只是一本通俗的科学史读物，竺可桢认真阅读的一个原因或许是，他 1947 年去哈佛时，两人有过面对面的交流。当然，他在日记中也不忘指出，作者在政治上是反动的。

学术著作之外，竺可桢也喜欢阅读当时一流知识分子的作品，并常做笔记。1936 年 3 月，他花了不少时间阅读朱利安・赫胥黎（Julian Huxley）等所著的《我们欧洲人》(*We Europeans*) 一书。1938 年 6 月 28 日，他在《十九世纪》杂志中读到威尔斯（H.G.Wells）的文章《历史是毒药》(*History as Poison*)，记录道："谓目前所教历史，全系各国国家观念之著作，使各国人民互相敌视，结果非养成战争与侵略不可云云。"

竺可桢对威尔斯的作品一直保持着深厚兴趣，1965 年 2 月的日记中还记载着，读了他的《智人的命运》(*The Way of Homo Sapiens*)。不过此处应该有录入错误，威尔斯的原作名是 *The Fate of Homo Sapiens*（1939）。

1942 年 7 月，竺可桢从图书馆借出法国作家莫洛亚的《迪斯累里传》和《林肯传》。当年 8 月，竺可桢又花费了不少时间阅读埃米尔・路德维希（Emil Ludwig）的《林肯传》，并做笔记与评论，读完后还赞叹道："此书写来真如小说，但事事有根据，惜中国无此等大手笔耳。"[1]他对路德维希的传记评价极高，9 月又开始读他写的《歌德传》，同样做相关笔记。

1943 年 1 月，他阅读弗雷泽的名著《旧约全书中的民间传说》和拉铁摩尔的《中国的亚洲内陆边疆》。1945 年 8 月，他细读了森谷克己的《中国社会经济史》中译本，9 月又读胡适的《中国哲学史大纲》，其阅读清单真可说是文史哲兼收。

空闲时，他也会浏览各种世界文学名著。1937 年 1 月，竺可桢乘轮船

① 竺可桢：《竺可桢全集（第 8 卷）》，上海科技教育出版社，2006，第 387 页。

赴香港参加远东会议，临行前特意从浙大图书馆借书数本，包括了歌德的《浮士德》与哈代的小说，显然是供路上消遣之用。竺可桢对歌德的兴趣颇大，1943 年 1 月在重庆还购了郭沫若所译的《少年维特之烦恼》。

他成年后似乎不太读中国的近现代小说，1943 年 3 月读《三国演义》，特意指出此书在地理上错误极多。1949 年 5 月，他在上海读了徐訏的小说《风萧萧》之后，还评论道："我素来不看小说，在炮声中无心读书，故翻阅之。"1949 年下半年，他用了不少时间读《水浒传》，算是个少见的例外。

1949 年他担任中国科学院副院长之后，更是不时阅读相关领域的专业著作。1970 年 7 月，他阅读钱学森的《星际航行概论》，并感叹自己年轻时的物理基础太差。

竺可桢阅读文献相当认真，1971 年他读《科学美国人》1970 年的文章，便发现文中数字很不正确，"如 p.34 说印度东部原靠南极洲说成是西部；p.35，Pangaea 的面积就 200,000,000 方公里，说 200,000。但从此也可以看出 *Scientific American* 的校对工作是做得很差的"。[①]

在这里，不妨以 1936 年 1 月和 2 月为例，简单梳理竺可桢在日记中披露的个人阅读历程和当时进行的学术工作。为了方便起见，他在这段时间所阅读的部分中文报纸与专业文献，不予罗列。

1936 年 1 月 1—5 日，他阅读薛定谔《科学与人之本性》，做了相关笔记，并对"科学与时尚"这两章评论道，"科学亦随时势为转易……各种道德之标准因以统起疑问，故中国学生之不尊重师长，欧美男女防范之解

① 竺可桢：《竺可桢全集（第 20 卷）》，上海科技教育出版社，2011，第 397 页。

放，实因时代性之关系。其次则各项价值是非之相对性之认识，最后则为 mass control 集群控制机械性”。

1 月 6 日，阅读德特马（Detmar）著的《一个科学家之自述》，记录了其中关于蛇毒的医学作用等。1 月 7 日读了张其昀寄给他的《地理之进展》关于人种地理一章，并评论道，“此文写竣当有八九万字，对于近二十年来之地学可谓无所不包矣”。

1 月 13 日，他在去往上海的火车上读了 Haskett 著的《无线电的世界》（*Radio around the World*），摘录了其中关于电磁波理论的历史。1 月 16 日读《纽约时报》Binyon《关于中国之美术》一文，记录了其中关于中西绘画的比较观点。

1月21日，他在下午读《越缦堂日记》，晚上则阅《数学家的话》一书。1 月 22 日下午写就《北京前清之气象纪录》一文，拟登在《气象杂志》上。

1 月 23 日上午，他翻阅了商务印书馆寄来的《英文中国年鉴》，评论道，此书“可称鸿著。有晓峰之地理、顾颉刚之历史、余青松天文、陶孟和人口，作者共五十人，云五及王雪艇等均在内”。此书是商务印书馆请他作校对之用的。

1 月 26 日，他参加地质学会第十二次年会。27 日，他收到了 Kohler 书店、黑雪书店的邮包，里面显然是书，当天他便汇了德国马克给两家书店。

1 月 29 日，他收到《伊利诺伊大学学报》。1 月 30 日，得知《中国之雨量》出版。当天早晨他阅读了美国《科学》杂志中《美国之政府科学咨询机关》一文，记录了其中关于美国科学咨询委员会的介绍。

2 月 1 日，他向 Lugac 书店汇了 20 镑，应该也是作为购书之用。2 月

2日，至中华书局及世界书店购《天方夜谭》《金银岛》两书，这可能是供他的孩子阅读的。

2月3日，读新收到的Gantis《非洲撒哈拉沙漠》一书。晚上读《纽约时报》杂志中的几篇文章，并在日记中有所评论。又读谭惕吾所写的《内蒙之今昔》，后来也做了相关笔记。

2月4日，阅林语堂《我的国家与民族》，并进行了相关评论。2月5日读Allan写的《北京明末清初之耶苏会教士》，自言对关于利玛窦的功绩、南怀仁与康熙之关系等有所了解。他相当关注利玛窦的生平事迹，同年7月5日，又阅读了裴化行所写的《利玛窦对中国科学的贡献》一书，并注意到利玛窦对北极阁观象台也有过记录。

2月8日，开始读Lloyd的《文化之发生与衰亡》一书，并在10日的日记中评论道，“此书命题甚佳，但内容并不高明。持论既泛而庸俗，所引证据亦未足以服人。”接着又作了大段的评论。

2月11日，开始作《东南季风与中国之雨量》英文稿。12日与13日读张其昀的《经济地理学》。2月18日，他读了陈长蘅在《经济年鉴》中的《中国人口论》及日本人饭田茂三郎《支那人口问题研究》两文，并做了相关笔记。他对中国人口问题的关注其来有自，之后都会注意浏览相关文献，在此前后都有相应文章发表。1949年之后，他还和马寅初、邵力子等人一起提出过不少关于人口问题的政策建议，主张控制人口，实行计划生育。[①]

① 参阅，王勇忠：《竺可桢人口思想研究》，《自然辩证法研究》2012年第11期，第94-98页。

2 月 19 日上午，他读了 Field 的《太平洋沿岸经济年鉴》一书。20 日阅 Bowman《地理与社会科学》，特意摘录了书中所引的加尔司华绥之言，“历史事实告余等以为现状乃一纵即逝，而大同则难期望云”，并评论道，此言实有至理也。

加尔司华绥也即英国作家约翰·高尔斯华绥，他于 1932 年获得诺贝尔文学奖，在当时可谓明星级人物。竺可桢似乎对他并不陌生，而特意摘录此句，或许也与当时中日冲突一触即发，竺对时局持极为忧虑的心态有关。2 月 29 日之后的几天，他一直在读 Brooks 所写的 *Why the Weather* 一书。

需要指出的是，2 月最后 10 天，他的阅读量明显减少，主要原因应该是他面见了蒋介石之后，频繁与人商议，并慎重思考是否要担任浙江大学校长一职。

4. 执掌浙江大学

1928—1936 年独掌中研院气象所的 8 年，是竺可桢学术生涯中最为愉快的 8 年。他把南京钦天山北极阁定为气象研究所的地址，从无到有，用一年左右的时间便建成了气象基地。接着他又开始推动在各地成立测候所，到 1941 年底，共建了 28 个直属测候所，加上与其他部门合作的测候机构，初步形成了全国性的气象台网站。又定期出版《气象月刊》和《气象年报》，还编印出版了《中国之雨量》和《中国之温度》。[1]

---

① 参阅，《竺可桢传》编辑组：《竺可桢传》，科学出版社，1990，第 3 章。

就他个人的学术工作而言，也可谓成果丰硕，这8年中他几乎每年都有重要论文发表。如《中国气候区域论》(1929)、《南京一年来之飑》(1930)、《论新月令》(1931)、《长江流域三十年来未有之大雨量及其影响》(1931)、《高空之探测》(1932)、《中国历史时代之气候变迁》(1933)、《中国气流之运行》(1934)、《东南季风与中国之雨量》(1934)等。

南京中研院旧址

北极阁旧址

竺可桢南京故居

在竺可桢任职气象所所长时期，教育部曾经两次征求他担任中央大学校长，都被他拒绝，显然从事行政工作并不是他的兴趣所在。

1936年1月28日，竺可桢在日记中记载道，据翁文灏言，“浙江大学教员与学生均不满于校长郭任远，郭辞职，教部已有允意，但蒋因学生排斥校长势不可长，故决维持郭，在郭辞职时曾有人主派余前往长浙校之议云”。

2月11日，翁文灏又来与竺谈一小时，“据谓陈布雷等拟提出以余为浙江大学校长，余谓在此时局，难保于三四月内不发生战事，京杭兼顾势所不能，故余不愿就，若能于浙大有所补益，余亦愿竭全力以赴之也”。竺可桢并没有表示完全拒绝。

2月17日，竺可桢面见时任中研院院长蔡元培，询问他是否应该见蒋。“蔡先生以为能不往浙最好，但蒋处不能不去，婉言辞之可也。”他曾考虑推荐即将学成回国的王琎担任浙大校长一职，蔡元培也表同意，又提及汤尔和可为人选，后来又提到了陈剑修。

2月21日，他面见蒋介石。蒋约他赴杭州掌浙大事，他则说须与蔡元培谈后方能决定。“余询布雷以杭校近状，知杭校有学生七百人，共文理、工、农三院，经费每年七十六万元。其中中央补助月四万五千元完全可靠，而浙省月万余元则常须迟发。郭任远到校后颇思励精图治而过于超切，开除学生太多，而与教职员又不能融洽，故不得不更换之云云。”

2月25日，在家中讨论浙大之事，竺可桢自己认为他的困难是，“一、不善侍候部长、委员长等，且亦不屑为之；二、时局如斯，万一半年内战事发生，余不能离杭，则不免悬心吊胆；三、余目的并不于要能长做校长，故半年之内亦难看见成绩也”。

3月1日，访翁文灏与陈布雷，表示“余亦愿牺牲于一时，但不愿放弃气象研究所事”，气象研究所的工作尚未完全上轨道，所以只愿兼浙大事半年。过了几天，陈布雷之弟、时任浙江省立图书馆馆长的陈训慈给他写了一封长信，劝他接受浙大校长之职，并表示代理校长郑晓沧也赞成竺可桢来杭，令他心中有底。

尽管竺可桢之前并没有在学校的行政历练，但他很清楚校长工作的要诀，“校长之最要在能请得良好之教员”。1936年3月10日，他致信张其昀，表示如他任浙大校长，希望下学期张也可到杭讲学。同日日记中记载，浙大无地理教授与历史教授，非新增人不可，他已经开始为去浙大后的工作进行人事筹划了。

张其昀可说是竺可桢最得意的学生，之后13年一直担任浙大史地系主任，并于1943年被聘为第二批部聘教授。张其昀在浙大任职期间，请到了一批知名学者，包括钱穆、张荫麟、谭其骧、向达、方豪、任美锷、涂长望等。史地系在短短13年所培养的学生中，后来有5位当选中国科学院学部委员，成果不可谓不丰硕。[①] 而张其昀在西迁时期创办的《思想与时代》，也具有超越学术的影响力。

竺可桢在3月22日又与胡刚复面谈，请他担任浙大文理学院院长。之后竺可桢便开始考虑农学院的院长人选。他先向时任中央农业实验所副所长的钱天鹤询问合适人选，钱便推荐了几位。竺可桢考虑之后，认为当时在棉业统制委员会工作的冯泽芳较为合适，便托钱天鹤去探问冯。第二天，冯来到竺可桢处，表示目前无法脱身，而改为推荐中央实验所的吴福桢，在吴同意之后，此事也就定了下来。

---

① 颜士之、许为民：《张其昀史地结合思想与浙江大学史地系办学特色》，《浙江大学学报》1998年9月，第55-60页。

那时的浙江大学只有三个学院：文理学院、农学院、工学院。时任工学院院长为朱一成，竺可桢先通过不同渠道了解朱一成的为人，又在4月5日与朱一成面谈，朱表示愿意留任浙大。这样，在竺可桢还未就任之时，他的"组阁"工作已经基本完成。

竺可桢接着又请他在东南大学时的学生诸葛麒（字振公）担任秘书。诸葛麒之后一直追随竺可桢，对校务工作帮助极大，可说是他的左膀右臂。从中可见，竺可桢的处事风格属于谋而后定，不打无准备之仗的类型，尚有绍兴师爷的机敏之性。1955年5月28日，他回到南京的地球物理所旧址，见到了诸葛麒的夫人，得知诸葛麒后来被迫离院去泰州教书，并已经在上月病逝，不禁感叹道："振公为余初至东大时地（学）系学生，如此结局亦可悲也。"

4月2日，他致信蔡元培，表示教育部部长王世杰已经同意他的要求，将浙江大学的经费增加到每月6万元。人事和经费都已到位，竺可桢执掌浙大的成功在他就任浙大校长之前便已决定了大半，后面的工作反而并不难做。《孙子兵法》云："未战而庙算胜者，得算多也"，大概就是这个意思。

虽然在浙大校长任上的工作尚算顺利，竺可桢在稳定了浙大的局面之后，还是很快便准备离开了。陈训慈晚年在回忆竺可桢掌浙大事的时候，认为竺在1937年已经放弃了迅速离开浙大的愿望，显然陈在当时还没有读到竺可桢的日记。

1937年3月1日，竺可桢在南京会晤陈布雷，提出辞职事宜，并举荐由任鸿隽继任校长。但陈布雷表示中央有若干人不喜欢任鸿隽。第二天，他又与翁文灏商谈，才了解到，任鸿隽因调四川教育厅一事不为国民党元老戴季陶所喜，故调浙大一事也不太可能。

他在 1938 年 2 月 3 日致吕炯的信中表示，上年就想辞去校长一职，只是“横遭匪谤，以致未能摆脱。现浙大已全部迁赣，学生均已上课，可告一段落，故已函托骝先先生与教部说项，由中央研究院调桢回所”。[①]原来他 1937 年的离职事宜未能实现，是另有原因。

1937 年 5 月，部分对竺可桢不满的人士在学校发匿名帖，指责他九大罪状，又指陈训慈为“太上校长”。虽然竺可桢阅后只是一笑了之，但此事后来有所发酵，显然影响了他的辞职计划。

1938 年 2 月 15 日，竺可桢致信朱家骅，表示要摆脱浙大事务。3 月又在香港见朱家骅，谈辞职事。朱家骅表示如果胡刚复愿意接替，可与教育部谈，但胡刚复明确表示拒绝。

1938 年 5 月底，他又考虑辞去浙大校长之职。“桢下年度职务方面，拟请蔡先生与榴先先生设法摆脱浙大，因办学校实在可称劳而无功，且两年以来脱离书本，与气象知识过于隔膜，若再事拖延，必致尽弃所学，舍己耘人，非桢之所愿。”[②]1938 年 6 月 10 日，他在致信吕炯时又云，此时照例不准辞职，“故非中央研究院提出于教育部不可，惟浙大事逐鹿者多，望足下万弗将消息转告于外人，以免蹈去岁之覆辙也”。[③]

当时他的大致想法是请时任中研院总干事朱家骅出面，以中研院的名义将他调回气象所，离开浙大。但他也知道朱家骅当时不可能提出此议，

---

① 竺可桢：《竺可桢全集（第 23 卷）》，上海科技教育出版社，2012，第 540 页。

② 同①书，第 581 页。

③ 同①书，第 584 页。

“只可仍旧维持现状”。

1939年1月，李四光辞去中研院地理所所长一职，时任中研院总干事任鸿隽希望竺可桢来兼任，竺提的条件便是辞去浙大校长。1939年3月4日，竺可桢在重庆开会，与陈立夫谈摆脱浙大事宜，陈的意见是应做到抗战结束。

1939年7月，他在致吕炯的信中又提到，浙大的事使他厌倦万分，其导火索则是“教育界中自私自利心的普遍和公益心的缺乏”，因为好几位教员接到了浙大的聘书，但临开学时，其他方提出更好的条件，他们便马上食言毁约。[①] 但在1939年8月初，陈立夫仍然表示竺可桢的校长一职须做到抗战终了。

1940年5月，他又写信给教育部表示要辞去校长一职，只愿维持到当年暑假。在申请无效之后，1940年10月，他到重庆见到朱家骅，提出气象所与浙大二事必去其一。

1940年10月26日，竺可桢致函陈立夫，再次表示辞职意愿。1941年6月，吴士选来信，告知陈立夫有意调他为中央大学校长，大约是因为时任中央大学校长罗家伦已经准备辞职，教育部在寻找合适的替代之人。他回信表示拒绝。

1942年3月，竺到重庆开会，他再向陈立夫递辞职函。之后他又不断向教育部和中研院提出辞职事宜，只是此事直到抗战结束也没有实现。

竺可桢之所以一直想要辞去浙大校长之职，除了他自己所述原因之

① 竺可桢：《竺可桢全集（第23卷）》，上海科技教育出版社，2012，第712页。

外，与他的处事方式也不无关系。竺可桢做事细致、考虑周到，事无巨细都要亲力亲为。这与蔡元培只管原则不管事，以及蒋梦麟“抓大放小”的工作风格大不相同，也难免有心力交瘁之感。

在杭州的时候，他每天早上起床，六点半开始写当天要发出之信函；接着上班处理各种公务，当中既有浙大的校内事，还包括南京气象所的相关事务；中午或晚上又往往要应约参加各种招待活动，以及陪同各色人等参观访问。一天下来，可以自由支配进行读书研究的时间几近于无。1937年12月6日，竺可桢在日记中记载，“自至杭长浙大以来，余两鬓几全白，颓然老翁矣”。

到了浙大西迁时期，竺可桢的工作更为繁重，包括寻找校舍、设备搬迁、安置学生，乃至购买生活用品，以及处理与各级政府的关系，等等。到了后期，他还要不断处理教员之间的矛盾，当时浙大理学院内部矛盾颇多，胡刚复和贝时璋等时有冲突，难以调和。1943年，竺可桢不得不亲自出面，并命诸葛麒把生物系主任聘书送至贝时璋处，才算解决了这个问题。长年累月，这样的生活令他疲惫不堪，想要摆脱也是自然之事。

抗战结束之后，竺可桢继续他的辞职申请，但仍然无法如愿。1948年1月，得知他要辞职，教授代表苏步青、谈家桢等人与他面谈，竺可桢表示，“抗战胜利以后物质条件更坏，同事所得不敷衣食住，再加学生政治兴趣浓厚，如此环境，实非书傻子如余者所可胜任，故拟早避贤路。”[①]但直到1949年5月国民党彻底败退之时，竺可桢才算辞职成功。

① 竺可桢：《竺可桢全集（第11卷）》，上海科技教育出版社，2012，第27页。

即便如此，希望他回任浙大校长的声音仍然不绝。1949 年 5 月 31 日，竺可桢日记又载："振公函则谓杭州市长谭震林已按中共当局令余回浙大主持。如此信固确，乃真不幸之事，因余对浙大校长一职实已厌恶万分也。"他的妻子陈允敏似乎也很不愿意竺再任校长。1949 年 6 月 27 日，她在杭州写信给竺可桢，甚至表示，如果竺回浙大，就要与他分居。

不管竺可桢如何看待自己的工作，他的 13 年校长生涯都可以说是极为成功的。竺可桢赴杭之后，为浙大引进了一大批学者，尽管也招来不少非议，称其以"哈佛为经，东大为纬"，但确实提升了学校的学术品质。1942 年，教育部公布第一批部聘教授 30 人，其中浙大 3 人，苏步青、王琎、吴耕民。第二批部聘教授中，浙大又占 2 人（陈建功、张其昀）。在各校排名中，浙大位居第三，仅次于中央大学和西南联大。

竺可桢对浙大原有的老师也相当尊重。1943 年 9 月，竺可桢组织聚会，为钱琢如作浙大任教 15 周年纪念。钱琢如谈及校中资格最老教员，"除朱叔麟外，推李乔年，继续不断在校十六年余。琢如次之，建功、晓沧又次之，十四年。贝时璋、苏步青十三年余"。

在贵州时期，尽管困难重重，但浙大的硬件设备与其他学校相比并不糟糕。1941 年从西南联大到浙江大学任教的蒋硕民曾向竺可桢表示，"浙大物理设备、数学书籍甚佳，国内无出其右"。[①]

1945 年 11 月，竺可桢在浙江大学复校开学典礼上报告："我们离开杭州时，仅文理、工、农三个学院，学生只有五百余人。现在有文、理、

① 竺可桢：《竺可桢全集（第 8 卷）》，上海科技教育出版社，2012，第 193 页。

工、农、师范五个学院，学生二千余人。”且战前 70% 的食品，全部的西文书籍，大部分的中文书籍都得到保留。可以把这看成是竺可桢执掌浙大的“毕业”报告。

离开浙江大学以后，他在中国科学院的工作同样繁忙，却很关心浙大的发展和人事状况，这与他欲摆脱浙大校长职位时的急迫恰成对比。1950 年 4 月，他与时任浙江大学农化系主任的朱祖祥交谈，了解浙江大学与英士大学合并后的状况，两人谈至晚上十点半才告别。

1963 年，他以浙江人民代表的身份到杭州视察，在省政府召集的座谈会上，他就提到杭大、浙大性质相近，地点也相近，应该合并，可说是主张“四校合并”的先驱人士。

他与浙大的旧同事们也保持着联系。1946 年自浙大毕业后短暂留校任教，后在杭州大学工作的徐规，直到“文革”时期仍然与竺可桢通信讨论古诗的物候问题。

到了晚年，竺可桢对浙大的关心更甚。只要有从杭州来的朋友探访，竺总是会询问浙大以及老同事们的近况。1971 年 4 月 11 日，曾任浙江大学教授与杭州大学副校长的陈建功过世，第二天竺可桢便得知了消息，并在日记中加以记载。

5. 论二十八宿之起源

任职浙大时期，竺可桢并未写太多大文章，发表的多是些校长分内的应景之作。此间他所写的最重要论文要数 1944 年出版的《二十八宿起源之时代与地点》，刊于张其昀主编的《思想与时代》。

文章完稿于 1944 年，但竺可桢在 1943 年上半年便开始系统阅读相关文献。1943 年 4 月，他开始阅读 Brennand 的《印度天文学》，并列出参考文献。5 月 21 日，竺可桢在日记中写道："原来外国人研究中国天文学者分为二派。一派如法国十八世纪 Gaubil 及 1840 年 Biot，均信二十八宿由中国起源。一派如德 Weber、美国 Whitney、英国 Kingsmill，均信中廿八宿得自印度。"①

在阅读了大半年的文献之后，竺可桢从 1944 年 4 月起开始作文。尽管他自称多时未曾写作，握管生疏，但实际行文进度相当快，6 月便完成了稿子。

竺可桢首先指出中、印的二十八宿基本相同，显然具有共同的起源，而阿拉伯的二十八宿与中、印的也有颇多共同处，同样出于一源。接着他开始分析二十八宿究竟是由印度传至中国，还是从中国传到西土。他的基本结论是赞同日本学者新城新藏在《二十八宿之起源》中的观点，认为二十八宿应该系中国在周初时代所设定，于春秋中叶之后慢慢传至印度，乃至阿拉伯。

文章发表后，批评和支持均有之。董作宾来函，以对联表示恭喜："毕雨箕风，季别春秋二八月。天孙河鼓，星考古昔五千年。"尤其对竺可桢引用甲骨文献作为证据大加赞赏。钱宝琮则在 1947 年发表《论二十八宿之来源》，对中印共同起源说表达了不同观点。竺可桢此文的反响相当持久，可说是他在天文史方面的代表作。1945 年 10 月，他又动手将此文翻译成英

① 竺可桢：《竺可桢全集（第 8 卷）》，上海科技教育出版社，2012，第 568 页。

文，寄与李约瑟。此文的英文版本后来发表于1947年的*Popular Astronomy*（《大众天文学》）杂志，后又被转译，再载于《气象学报》第18卷。

文章虽然完成，但竺可桢并不以此为最终答案。他在之后仍然一直关注中印二十八宿起源的问题，阅读相关文献。1960年，他为叶企孙主编的《中国天文学史》撰写审稿意见，对其中涉及中印天文学之间关系的篇章作了分析，仍然坚持自己的基本判断，即中印二十八宿是起于一源的。

值得注意的是，在文章的开头，竺可桢特别提到，“晚近中印交通频繁，战后两国关系必更密切”。所谓“交通频繁”，其契机显然就是日军入侵东南亚之后，滇缅公路被切断，中国的军民所用汽油及其他需进口的物资没有了运输保障，印度的战略位置顿时显得重要起来。1942年2月，蒋介石以中国战区最高统帅的身份与宋美龄等一同访问印度，与尼赫鲁及甘地等印度领袖作了面谈，希望印度能够协助英国对日作战。

对尼赫鲁等人来说，参加战争的前提条件是印度获得独立身份。蒋介石在调解印英矛盾方面显然并不成功，他对甘地的态度也表示失望，认为甘地“惟知爱印度，有印度而不知有世界及其他之人类也”。[①] 尽管如此，在蒋介石访问印度之后，中印之间的各项交流有了明显提升。1942年3月和4月，印度红十字会和印度政府向中国援助了一批药物，[②] 此类援助之后陆续还有。竺可桢在1943年的日记中记载，得知教育部获得了一批印度的援华药品。1943年，中印商量交换学生十人，其中一名到浙大入读数学

① 参阅，伊原泽周：《论太平洋战争期中的中印关系》，《抗日战争研究》2012年第2期，第109-123页。

② 参阅，张欢欢：《全面抗战时期印度对华援助研究》，硕士学位论文，延安大学，2018。

系；12月，印度塔塔公司又准备出资请中国教授到印度交流。当然，其中与战争关系最大的还要数1943年中国的数万远征军赴印。

1942年3月，竺可桢在浙江大学作校长训词之演讲，题目便为《印度绝非能长久屈居人下》[①]，这显然是呼应蒋介石在离开印度时所发表的《告印度人民书》，表达了支持印度独立的观点，是一篇并不深入的应景之作。但从此之后，竺可桢对印度的关心显然多了起来。

从竺可桢的日记看，1942年5月，他开始阅读伯希和的《交广印度两道考》，并评论道，汉时中国人便对印度文化有相当认识。之后他更时常阅读与印度相关的文献，了解当时印度之状况。1943年7月，他读到印度Kosambi教授所写的《中印学术合作方案》，其中列举了中国可与印度合作的各个学术项目。1943年12月，他阅读了《自然》杂志中关于数学家拉玛努金生平的介绍文章。

1944年2月，竺可桢在遵义阅读了英国使馆寄来的一篇关于印度科学进展的介绍文章。当年3月，竺可桢到重庆开会，又阅读了数篇关于中印贸易史的文章，在日记中记载，“我国学者亦认为春秋与战国时代，甚至在此以前，中国文物即染沾高度的印度色彩”。[②] 3月29日，他到中印学会处借阅了《印度之文化传统》的第三卷，并阅读了其中关于印度天文学的文章。

竺可桢关心中印二十八宿之起源，很可能只是出于历史的机缘巧合，却在不经意间成就了一篇经典之作，也可算是一段佳话。

---

① 竺可桢：《竺可桢全集（第2卷）》，上海科技教育出版社，2004，第561-562页。
② 竺可桢：《竺可桢全集（第9卷）》，上海科技教育出版社，2006，第57页。

第七章

《竺可桢全集》中的竺可桢（下）

1949 年杭州解放之后，竺可桢避居于上海。7 月由上海至南京，9 日从南京搭火车北上，参加全国科学会议。他的职业生涯很快又展开了新的一页。

中国科学院成立之初，除郭沫若任院长外，有四位副院长，当中算得上自然科学家的则只有李四光、竺可桢两人。由于李四光 1950 年 5 月才回国，且很快便兼任地质部部长，因此，竺可桢在中国科学院的创办方面，确实起着首席自然科学家的作用。

竺可桢对中国科学院的组建也是相当用心。中国科学院成立之初，设置了一厅三局，也就是办公厅、计划局、联络局和编译局。计划局由竺可桢兼任局长，副局长为钱三强，联络局则由另一位副院长陶孟和兼任局长，丁瓒任副局长。而编译局局长一职，他们所考虑的人选便是古脊椎动物学家杨钟健。

1949 年 11 月 22 日，陶孟和与竺可桢两人联名发电报给杨钟健，请他担任编译局局长一职。据杨钟健的回忆，他自己也颇想返回北京，重新从事新生代研究室的工作，故欣然从命。[①]

在获知杨钟健愿意赴京之后，竺可桢又做了周密安排，后续连发数函给杨钟健，告知他来京后有相当时间可以专心研究，已经安排了北城北月牙胡同三号作为寓所，并将旅费等先行汇上。

同时，竺可桢又着手中研院与北平研究院的接管，以及各所的调整与合并。1950 年 1 月 3 日，竺可桢提出了科学院各研究所的初步调整计划，

① 杨钟健：《杨钟健回忆录》，陕西师范大学出版社，2020，第 294-297 页。

将原来的22个单位合并为13个。1月5日，他又约见了钱崇澍，希望他担任即将成立的植物所的所长。

1950年2月21日，他与钱三强两人同郭沫若会面，谈了科学院自然科学组各所的所长人选问题。当时共计划设12个所，分别是近代物理研究所、应用物理研究所、有机化学研究所、物理化学研究所、实验生物研究所、水生生物研究所、植物分类研究所、生理生化研究所、地质研究所、地球物理研究所、地理研究所筹备处、数学研究所筹备处，再加上上海的工学实验馆与南京的紫金山天文台。

到了3月，在丁瓒等人的推动下，中国心理学会两次来函主张恢复心理所，所以后来又增加了一个心理学筹备所。4月4日，他与丁瓒及钱三强商定数学、地理、心理三所的筹备委员会人选。

最终，5月19日，政务院第33次政务会议批准通过了科学院提出的15个研究单位的领导名单，并于5月31日发出任命通知。[①] 6月20日，竺可桢在中国科学院第一次扩大院务会议上宣布首批15个研究机构成立。

与2月份的筹备名单加以对比可看出，只有地质研究所不在首批研究单位之内，这是因为负责人李四光5月刚回国，组建时间便顺延到了9月。至此，中国科学院下属各所的创建工作基本完成。

1950年10月，院长郭沫若又宣布副院长分工负责领导制度，竺可桢的分工领域是地理所筹备处、地球物理所、实验生物所、水生生物所、植物分类所和生理化学所。之后几年，竺可桢一直担负着分管这些所的

---

① 樊洪业主编《中国科学院编年史》，上海科技教育出版社，1999，第7-12页。

工作。

1954 年，中国科学院建立学部制度，共成立了 4 个学部：物理学数学化学部、生物学地学部、技术科学部、哲学社会科学部。竺可桢担任生物学地学部的学部主任，所分管的领域与之前基本没有变化。

除了院所的组建之外，竺可桢也领导了新中国成立初期中国科学院的一系列科研合作。1950 年 5 月，竺可桢率中国科学院代表团赴东北地区考察，历时约 1 个月。访问结束以后，考察团提出了科学院与东北各有关部门的合作办法，不过由于朝鲜战争的爆发，后续工作并没有立即展开。到 1952 年，中国科学院在东北正式成立沈阳分院，由严济慈任院长。此院存在时间不长，1954 年便改为办事处。

1950 年 6 月，竺可桢又带领地球物理所与军委气象局展开合作，成立了联合天气分析预报中心和联合资料室。这一合作计划一直持续到了 1955 年，为新中国的天气预报和气象资料整理事业做了奠基性的工作，可以说相当成功。[①]

1956 年之后，竺可桢担任中国科学院自然区划工作委员会的主任，领导勾画整个中国的自然面貌，为国家的生产规划提供自然地理方面的依据。同时，他也主持了华南和云南的热带生物资源综合考察。

1957 年，国务院决定派科技代表团访苏，与苏联谈判科技合作问题，团长为郭沫若。竺可桢则作为科学院代表团的副团长随团访问苏联。1957 年 12 月，双方签订了中国科学院与苏联科学院的合作议定书，规定了未

① 樊洪业主编《中国科学院编年史》，上海科技教育出版社，1999，第 15 页。

来 5 年的 92 个科学合作项目。

在 1950 年之后，竺可桢依然没有多少时间可以从事理论科学工作，他所主持的，基本上都是可为国家发展所用的应用科学研究。回顾历史，这些工作对作为发展中国家的中国来说，当然有现实意义，随便举个身边的例子，我们今天能喝上云南咖啡，其中也有竺可桢的一份功劳。不过这些显然不是他的真正热情所在。

1. 批判爱因斯坦的风潮

有些令人费解的是，爱因斯坦的相对论，在 20 世纪 60 年代和 70 年代成为国内意识形态批判的一个对象。而《爱因斯坦文集》在“文革”后的正式出版，也成了中国思想解放的一个小标志。竺可桢虽然不是物理学家，但身居高位的他，也不得不厕身其间，谱写他晚期职业生涯的一段小插曲。

1951 年 12 月，李四光与竺可桢会面时谈到，周邦立所译卡尔波夫的《论爱因斯坦的哲学观点》，认为所谓物质与能量可以互相转变是一种唯心主义。关肇直在复审时，主张加一小注：“此说是有实验根据，并非唯心理论。”为此注，丁瓒和何成钧还发生了争执。12 月 24 日，竺可桢到院中，又谈了这个注的问题。

此译文发表于中国科学院主办的《科学通报》上，当时正值“三反”运动刚刚揭幕。1952 年 1 月 12 日，中国科学院开会，要求《科学通报》改变姿态，“过去只介绍科学，应有斗争精神”，并对编译局负责人杨钟健作了批评。

1 月 25 日，《科学通报》在《人民日报》上发表了自我批评的文章，特意把这个注也提了出来，称这“十足地表明了我们是袒护爱因斯坦的糊涂的唯心论者”云云。[①] 实际上，根据竺可桢的日记，此注并非报社编辑所加，而此检讨报告也是在中国科学院院务会议上通过的。报告之所以会发在《人民日报》上，是中央文委会建议的。

第二天，中国科学院又召开院长会议，决定《科学记录》和《中国科学》停刊，《科学通报》与《自然科学》合并，另组编辑委员会。之后，运动愈演愈烈，持续到了 1953 年，竺可桢也不得不作了几次自我检讨，爱因斯坦理论的唯心问题只能说是当时的一个小序曲。

1952 年之后，《人民日报》还陆续翻译发表了一些苏联学者批评爱因斯坦的文章，但这些只能说是对苏联“老大哥”的跟风。这段时间，中国对爱因斯坦总体还是持高度肯定的态度，承认他是伟大的科学家。随着之后中苏关系的破裂，批评爱因斯坦的观点在中国几乎消失，反而有一股热烈宣传相对论的风潮。20 世纪 60 年代初，还开始了爱因斯坦文选的中文翻译工作。到 1964 年，已经有 197 篇爱因斯坦的文章被翻译出来。[②]

在中国，有组织地批判爱因斯坦和相对论，起于 1968 年。1968 年 6 月，“批判相对论学习班”写出了第一篇文章，将“光速不变原理”批评为“自然科学理论的资产阶级反动观点”。之后陆续又有一些类似的文章

① 刘东：《〈爱因斯坦文集〉的编译出版与作为意识形态象征的爱因斯坦》，《博览群书》2005 年 10 月，第 6-16 页。

② 参阅，胡大年：《爱因斯坦在中国》，上海科技教育出版社，2006，第 167-176 页。

发表出来。

不过，批判相对论的高潮，要到1969年下半年才正式到来。当年8月，该学习班完成了一篇名为《相对论批判》的初稿。9月7日，中国科学院科研生产组发函给竺可桢，希望他组织审查这篇文章，并在9月底前寄回具体意见。

9月9日，吴有训来竺可桢处谈此事，后者表示“我对于相对论不识门径，批判更困难”。吴有训则谈了一些自己的看法，并说关于空间与时间，可看列宁《经验批判论》第三章。

9月11日，竺可桢闭门未出，开始阅读关于相对论的参考文献，并做了相关笔记。尽管他觉得自己只是外行，但还是准备在一二星期内写一篇稿子交差。

9月17日，他与吴有训两人在中关村福利楼跟批判小组的部分成员进行了面谈，才了解了成立相对论批判小组的大致原委。竺可桢在日记中记录道，“我是对物理、哲学都是外行，但对于相对论于人的宇宙（观）影响极大，所以作为一小学生来学习批判”。

到了9月21日晚，他便完成了一篇4000字的初稿，名为《批判爱因斯坦相对论所引申出来的宇宙观》，从题目可见他还是颇有自知之明的。9月26日，他将改后的文章交给吴有训一阅。据后来所知，稿子转给了《红旗》，但杂志表示该刊不登批评外国科学的文章，所以没有发表。

竺可桢接着回了一封信给院生产小组。信中表示看不出《相对论批判》一文的主要目标是什么。文章的主题似乎是批判同时性论，但所举的例子，如北京、瑞金同时出太阳，并不合爱因斯坦的原意，不能与原文相配合。胡大年就此讽刺道，竺可桢这位外行，“在自学了一个多月的相关物理学著作之后，即能从这位批判者的论点中发现概念错误”。[①]

需要指出的是，竺可桢尽管是外行，对相对论倒并不陌生。早在1943年3月，他即读过埃米尔·博雷尔（Emile Borel）的《空间与时间》一书，内容是关于相对论的浅近解释。1967年3月，他又仔细阅读了爱因斯坦与英费尔德合著的《物理学的进化》。比之“相对论批判组”成员来，竺可桢可能更内行一些。

紧接着，《相对论批判》第一版修改稿在10月完成，并印发全国。同时，中国科学院又计划于10月23日召开关于此文的特别会议。于是，竺可桢在完成自己的文章之后，仍然继续阅读相关文献，包括马列的著作、罗素的《西方哲学史》、威尔逊的《现代物理学》，以及约翰·埃尔德里奇（John A. Eldridge）的《大学物理》等书。他从入门级的大学物理教材中便发现了，“小组批判文所举例子是不合适的”。

23日当天，他赴中关村福利楼参加《相对论批判》修改稿讨论会，并见到了钱学森、周培源、刘西尧等人。会议共有40余人参加，核物理学家王淦昌则拒绝出席会议。

会议主席表示，此稿是为了发表在《红旗》杂志上而准备的。钱学森说看了批判稿后很受鼓舞，但又认为发表“这个事要慎重”，以及要将相对论本身与相对论周围的东西区分开来，显然并不支持发表此文。接着，

---

① 胡大年：《爱因斯坦在中国》，上海科技教育出版社，2006，第186页。

吴有训副院长先是批评了爱因斯坦确实是唯心主义者，但又对《相对论批判》一文的具体观点提出了各种不同意见。

会议主席是个军代表，自称是用枪杆子的，但似乎也听明白了这些专家的意思。1969 年 11 月之后，竺可桢仍然在阅读相关文献，包括爱因斯坦自己写的《狭义与广义相对论浅说》和数种爱因斯坦传记。这大概是因为《相对论批判》的作者很快又提出了第二版修改稿，请包括竺可桢在内的人提意见。

12 月 23 日，竺可桢在日记中记载，对第二次修改稿，“我看了两遍还不能了解所以”，而且作者的回答也不是针对他所问的问题。作者本人倒是相当执着，在 1970 年元旦那天与竺可桢就文章又进行了一次面谈，似乎还是不欢而散。

由于包括竺可桢在内的知名学者的抵制，最终，《相对论批判》并没有发表在《红旗》杂志上。但事情也没有就此结束。

1970 年元旦之后一段时间，竺可桢似乎摆脱了这件事情，不再关心相对论问题，只是在 5 月 11 日的日记中记录了季米亚捷夫的一个评论：“爱因斯坦本人并没有对唯物主义原理进行任何积极的攻击，但他的学说已被各国资产阶级大多数知识分子所利用。”

但那不过是风暴前的平静，陈伯达已经在 4 月 8 日指示刘西尧要抓紧对爱因斯坦和相对论的批判，并办一个名为《相对论问题讨论》的刊物。[①]

---

① 胡大年：《爱因斯坦在中国》，上海科技教育出版社，2006，第 193 页。

5月17日，竺可桢得知“批判爱因斯坦要开万人大会”。1970年6月，《相对论问题讨论》第一期出版。7月2日，竺可桢读了杂志，发现第一篇文章就是修改了好几回的《相对论批判》，不得不自嘲说，“可能我的想法不对头”。

8月6日，为了参加《相对论问题讨论》第一期的讨论，竺可桢又开始读马克斯·玻恩的《物理学与相对论》。8月10日，他在重读了《相对论批判》等文章后表示，原来觉得文章有问题，现在看来不少“都是我的误会”。

到了8月12日，关于刊物第一期的讨论会正式开始，竺可桢发言谈了半个小时，就“同时性”仍然坚持了自己的意见。

8月20日，竺可桢从他的侄孙竺庆那儿了解到，近来中学生都在批判爱因斯坦相对论了，便把《相对论问题讨论》第一期借给了竺庆。8月27日，竺可桢接到东北军垦农场一年轻人的来函，表示他创立了新的狭义相对论，并假定光速是可变的。

9月7日，相对论批判组与竺可桢等人又作了会谈，并希望把竺可桢去年所写的那篇文章发表在《相对论问题讨论》的第三期上。竺可桢表示文章当时写得仓促，没有再登的必要。

之后，竺可桢又开始阅读与相对论有关的文献。9月下旬起，他花了相当时间阅读美国物理学家韦斯科夫在《科学》杂志上最新发表的《二十世纪的物理学》一文。后来吴有训也向他表示，此文写得极佳，他更是认真地重读了好几遍，并做了详细的笔记。

10月16日，他收到了《相对论问题讨论》的第二期，在接下来几天作了认真阅读。11月10日，杂志编辑组给他写信，说第三期拟于年内出版，希望他早日交稿。他回函表示自己刚得慢性气管炎，至少两星期才能改好，不要等他的文章了。

但从 11 月 12 日开始，竺可桢还是开始修改自己的稿子，到 23 日基本完稿，写了近 8000 字。为了写作此文，竺可桢可算上穷碧落下黄泉，在窘困的环境中搜罗了不少相对论文献，还托中国科学院图书馆购了十余种新出版的英文书。接着他又修改了几次，最终于 12 月 4 日交稿。

竺可桢所不知道的是，相对论大批判的幕后推动者已经在庐山会议上倒台，所谓的“相对论批判”也要收场了。

1971 年 3 月 15 日，竺可桢从中国科学院物理所党委书记郭佩珊处得知，“大批判从上次谈苏联相对论讨论会后发生了问题，现在要从实验出发，一自从引力波，二自从核子物理气泡室出发云，〔《相对论问题讨论》〕三期暂时停顿”。

3 月 22 日，他给郭佩珊写信，要他通知相对论批判小组把稿子寄回来，“待改正”。郭表示三日后交来。显然，竺可桢已经意识到，这场闹剧要转向了。

1971 年 4 月 3 日，竺在日记中记载：“托郭佩珊同志向物理所要回登《相对论问题讨论》第三期文稿，因三期无限期延期出版（由于物理所的两派意见对于该所批评苏联文有出入，所以决意暂时不再出版发行）。”《竺可桢全集》中并未见到此文，或许已经遗失，当然也可能是竺可桢不愿别人看到这篇“业余”之作，自行毁去了。

至少在北京，这场批判运动宣告结束了，虽然对爱因斯坦的正式“平反”还要到 1979 年。当年北京举办了一个“盛大的纪念集会，庆祝爱因斯坦诞辰一百周年”，恢复了爱因斯坦作为伟大科学家的光辉形象。[①]

2. 中国气候变迁的历史研究

就竺可桢的科学生涯而言，他一生最重要的作品当然是暮年所写的《中国近五千年来气候变迁的初步研究》(以下简称《近五千年》)。这篇文章首先是在 1966 年以英文形式写就，是为罗马尼亚科学院成立 100 周年纪念会而作。

中文稿最初刊于 1972 年的《考古学报》，后又刊于 1973 年的《中国科学》和《气象科技资料》上。至于为什么中文版晚了 6 年才发表，竺可桢自己表示，是因为“没有市场而未翻译”[②]。所谓没有市场，指的应该是“文革”时期大部分学术杂志都已停刊，找不到发表之处了。

中国科学院主办的两份综合性自然科学刊物《中国科学》和《科学通报》都在 1966 年停刊，直到 1973 年 2 月才复刊。复刊之后，《中国科学》在第二期便将竺可桢的《近五千年》一文进行了重新发表。

文章首先根据所掌握材料的性质，将近五千年分为四个时期：考古时期，大约公元前 3000 年到前 1100 年；物候时期，公元前 1100 年到公元 1400 年；方志时期，公元 1400 年到 1900 年；仪器观察时期，1900 年以来。这种根据研究材料来划分时期的方法本身便是一个创新，可以说是竺可桢多年思考与探索之后的结晶。

---

① 胡大年：《爱因斯坦在中国》，上海科技教育出版社，2006，第 212 页。

② 竺可桢：《竺可桢全集（第 20 卷）》，上海科技教育出版社，2011，第 129 页。

竺可桢从年轻时便开始关注中国的历史气候问题，此前已经发表了一些相关文章，如《南宋时代我国气候之揣测》（1924）、《中国历史上气候之变迁》（1925）、《中国历史时代之气候变迁》（1933）。

然而，《近五千年》一文绝不是他之前文章的重复或者说是一个加长版。实际上，《近五千年》在很大程度上修正或者放弃了他原先的主张。

在早年的《南宋时代我国气候之揣测》中，竺可桢的推理依据是当时所记录的终雪日期，以及日中黑子的发现频率。而在《中国历史上气候之变迁》（1925）一文中，竺可桢则利用雨旱灾数量、终雪日期，以及日中黑子的发现频率，来推断中国近一千年历史的气候变化，并得出结论："我国历史上气候之差异，与欧洲如出一辙"。[①]

可在《近五千年》一文中，他开篇便说，"本文以冬季温度的升降作为我国气候变动的唯一指标"，放弃了雨量和日中黑子这两个指标。

他解释道，雨量为气候的重要因素，"但不适合于做度量气候变迁的指标"，原因是东亚季风区的雨量变动相当极端，而且邻近两地雨量也可以大不相同，很难得出正确的结论。

至于太阳黑子，《近五千年》同样认为，气候的寒热与太阳黑子之间并非总是一致，"太阳的活动，如太阳黑子的多少，虽影响到地面上的气候，但其关系相当复杂，到目前我们还没能探索出一个很好的规律出来"。[②]

竺可桢把冬季温度作为唯一指标之后，解释力获得了质的提升。在之前的几篇文章中，他只能泛泛地指出，中国的大寒年数，与欧洲历史记载

---

① 竺可桢：《竺可桢全集（第1卷）》，上海科技教育出版社，2004，第472页。
② 竺可桢：《竺可桢全集（第4卷）》，上海科技教育出版社，2004，第469页。

基本一致。而在《近五千年》中，他不仅将分析的年代从近一千年扩展到了近五千年，更重要的是发现了气候变迁的周期现象，并进一步比较了中国与欧洲的气温记录，挖掘出了东亚和欧洲在气候波动上的时间差规律。

竺可桢显然经过极为漫长的深入思考，最终提炼出了他认为最具解释力，同时也最具有可获得性的指标，并创造性地将不同的研究材料加以组合。这种研究方法卑之无甚高论，也就是近代科学的实验方法，但没有经过足够严格的学术训练和对问题本质的深入把握，是不可能找到加以运用的途径的。竺可桢自己评价道，“这篇文章在我自己估价也是尽了毕生之力，积累了三四十年的深思而写出来的”，[①]并非夸张之辞。即便就方法论而言，这也是一篇如何做科学研究的典范文章。

他的基本结论是，在大约公元前 3000 年到前 1000 年，也就是仰韶文化到安阳殷墟时期，是一个温暖期，平均温度比现在高 2 摄氏度左右。之后则出现周期性的气候变化，其中公元前 1000 年（商末周初）、公元 400 年（六朝）、1200 年（南宋中期）、1700 年（康熙时期）是最寒冷的年份。而在两个低点年份之间，又存在为期 50—100 年左右的小循环，温度范围在 0.5 摄氏度到 1 摄氏度之间。寒冷气候的变动是从东亚太平洋海岸向西传布到大西洋海岸的。

尽管文章的题目是关于“中国的气候变迁”，但竺可桢并没有完全停留于此。在文章的最后部分，他试图将自己的结论与欧洲学者的研究结合起来，加以比较分析，认为“古代气候变动如出一辙，足知这种变动是全

① 竺可桢：《竺可桢全集（第 21 卷）》，上海科技教育出版社，2011，第 408 页。

球性的”。

就具体细节而言，这种试图建立跨越大尺度时间和空间的框架的尝试当然不可能是完美的，其中必然也有些材料错误引用之处。而他的某些结论，比如唐代的气候比今天更温暖，也受到了后来者的质疑。但竺可桢充分注意到了中国所拥有的关于气温记录的海量史料与文献，并第一次试图将不同时期、不同性质的材料组合起来，构建一幅完整的气候变化图。这样的努力是首创性的，由此开发了一个可以不断扩展和深化的广阔领域。

1988 年，当时在哈佛大学攻读博士学位的韩献博（Bret Hinsch）发表了《气候变迁和中国历史》一文。他在进一步参考日本和欧洲的气候资料之后，所勾勒出的中国气温变化的基本轮廓，除了有少量深化和修正之外，基本上仍然延续了竺可桢的观点。不过他特别指出了日本和欧洲在历史上从来没有同时出现过严冬的现象。① 这也说明，竺可桢的研究方法和结论可以经受来自其他数据的检验。

1972 年 9 月 10 日，在最后一次校改文稿之后，他认为这是毕生之作。“此文长约 26000 字，小注一百多个，八十多年的生命只能做出这样一点成绩，实在太可怜了。”②

不过事实上，文章一经出版，便引起了巨大的反响，《人民日报》还刊出了节选。到 1973 年 10 月，《近五千年》已经发表了 11 个版本。至于文章所受到的中外学者的赞誉，更是难以列举。直到今天，《近五千年》

---

① 参阅，布雷特·辛斯基（韩献博）:《气候变迁和中国历史》,《中国历史地理论丛》2003 年 6 月，第 50-66 页。

② 竺可桢:《竺可桢全集（第 21 卷）》，上海科技教育出版社，2011，第 192 页。

一文仍然具有强大的生命力，它的基本研究方法和结论并没有被后人完全超越。毫不夸张地说，这是20世纪中国科学史的一篇代表性作品。

在一定程度上，可以说竺可桢完成了自己年轻时的愿望——让“科学也能说中国话”。

3. 结语：可桢一生唯谨慎

就像任何一位被用显微镜放大观察的人那样，竺可桢的一生展现出了错综与矛盾的性格。

竺可桢不愿意从事行政，但实际上，他的后半生几乎没有一天不在做行政工作。不仅是在浙大期间，他总是有辞职的愿望，1955年，当郭沫若批评他不愿陪同苏联专家去西南后，他也意兴阑珊，起了辞去副院长等行政职务的念头。当然这些想法从来没有成真过。

他对政治的热情不大，内心只愿意做一位纯粹的学者，但所处的位置又迫使他被动地介入20世纪后半期的各项政治运动。尽管并不情愿，他还是写了不少应时作品，也有不少人云亦云之处。他的性格中似乎有敏感与软弱的一面，时时在自我与社会角色之间挣扎，并非马寅初那种斗士型的人物。

就竺可桢被动介入的“相对论批判”而言，此事耗费了他一年多的精力。他在写作批评文章的时候，内心相当痛苦，哀叹道，“我对于天文学本来很陌生，加以记性不好，看过书过目即忘，又没有人能与我讨论，也没人可以请教”。可同时，他却又展现出极为认真的姿态，搜集了包括中、英、德、俄文在内的各种相对论著作，差不多阅读了他可以找到的所有文献，还与蒋硕民、吴有训等人反复讨论，最后完成了一篇他自己都不愿意保留的文章，犹如一头任劳任怨的黄牛。

但同时，竺可桢也抱有对学术的强烈信念，几于至死方休。在“文革”时期，竺可桢依旧保持长时间阅读文献的习惯，否则也不可能完成《近五千年》一文。实际上，动乱最为严重的1967年，也正是竺可桢研究关于世界气候变迁的文献最为勤奋的一年。在当年的日记中，他频繁地在当天记录的上半部分记录社会上运动开展的情况，而在下半部分做文献阅读笔记。

李醒民教授曾经对竺可桢在1950年前后诸多观念的变化方面作了分析，认为竺可桢的思想在新中国成立之后发生了明显的变化，其中许多是违心之论，放弃了独立思考。在科学观方面，他也从之前的“为科学而科学”，很快地转变为“科学为大众服务”、“科学与生产力”相结合等。①

另有一些学者则为竺可桢提出了辩护，认为竺可桢的观念改变是中国现代科学发展道路探索中的一种“渐变”，而不是由于新中国成立而导致的“突变”。② 其基本理由是竺可桢在1949年以前，也已经开始关注科学的社会功能，在新中国成立后，通过对苏联科学的了解，主动地拥抱新时期的科学政策，不存在违心之说。

---

① 李醒民：《思想的断裂，时代的怪谲——竺可桢1950年前后科学观和教育观诸方面比较研究》，《中国政法大学学报》2015年第2期。

② 潘一骁、张立、许为民：《从“学院自由主义”到“贝尔纳主义”》，《浙江社会科学》2020年6月，第128-134页。

翻阅竺可桢日记，可以得出的结论是：第一，1950 年前后，竺可桢的科学观念确实发生了巨大变化，称之为“断裂”可算恰当。潘一骁等人从竺可桢的文章和日记中摘出极少量的片段，从而提出的“渐变说”是站不住脚的。潘一骁等人还以竺可桢 1943 年所作的《科学与国防》演讲为例，表明竺可桢在 1949 年前便关心苏联的科学计划，可是这篇演讲的主题恰恰就是，即便从国防的角度，也不能只奖励应用科学，“因为许多应用上极重要的发明统是首先从理论上研究出来的”，“欲巩固国防，奖励科学研究是不能不立即着手的一件事”。[①]

第二，这种变化并不完全是违心的，至少在一开始是主动拥抱的。作为新中国科学界的领导人物，竺可桢自然相当关注苏联的科学政策与成就。1952 年 4 月，竺可桢跟团赴苏联参加“五一”节庆祝大会，此行以林伯渠为团长，共 28 人，他是科学界的唯一代表。到苏联后，他访问了苏联科普馆、莫斯科大学、苏联科学院、莫斯科天象馆、海洋研究所等地，其中不少地方是他主动要求参观的，并且记录甚详。可以说，他在那时对向苏联学习也抱着相当的期望与热情。

当然，在经过十余年的实践检验之后，他对理论与应用之间的关系显然有自己的真实判断。竺可桢性格本就内向，晚年更是谨言慎行，在公开场合表达真实思想的时候不多。而主张科学要做基础工作，可说是他最鲜明的观点之一。

1971 年 2 月，在谈到科学院近几年的成果时，他特别指出：“从长远

① 竺可桢：《竺可桢全集（第 2 卷）》，上海科技教育出版社，2004，第 576–578 页。

打算，不做基础工作，将来科学研究要追上世界水平成为不可能。地学方面工作可说完全停顿了。”[①] 在生命的晚年，他的头脑还是清醒的。

另一方面，竺可桢为人自律，喜欢遵守规则，常常真诚地自我检讨，同时也厌恶不守规则的人和事。1973 年 8 月 24 日，他在日记中记载了一件小事，颇能说明他的真实性格：

> 我近来看 *Nature* 和 *Science*，知道吴副院长（当指吴有训，编者注）处压积了许多 *Nature* 和 *Science* 一直不还图书馆。查图书借书证上规定很严格（71 年起开始用的借书证），借书数量图书三种，期刊四册，期限图书一个月，期刊十五天。……我认为这是违反图书馆新定规章，做副院长的人，格外应该守规则。[②]

① 竺可桢：《竺可桢全集（第 20 卷）》，上海科技教育出版社，2011，第 326 页。
② 竺可桢：《竺可桢全集（第 21 卷）》，上海科技教育出版社，2011，第 463 页。